내일은 내일의 해가 뜬다

: 오늘 내가 힘차게 일어설 수 있는 이유

오늘 내가 힘차게 일어설 수 있는 이유

내일은 내일의 해가 뜬다

김정한 편저

씽크북

"내일은 내일의 해가 뜹니다.
(Tomorrow is another day.)"

살다보면 알게 됩니다.
매운 세상에 중심을 잡고 살아가기가 쉽지 않다는 것을,
원하는 것을 이루기 위해
때로는 숨어들어 울 곳을 찾아 쪼그리고 앉아 흐느끼며 울 것이고,
우는 것조차 사치가 되어 시간의 노예처럼 끌려 다닌 기억들,
한번쯤 누구에게나 지나가는 삶의 조각입니다.

생각하기에 따라 삶의 해답은 간단합니다.
목적지는 같으니까요.
아무리 먼 길도 끝이 있고 아무리 어두운 밤도
동이 트게 되어 있습니다.
내일은 내일의 해가 뜹니다.(Tomorrow is another day.)

삶의 모든 질문에 대한 해답은 자신이 갖고 있습니다.
살다가 죽을 만큼 힘들 때는 솔로몬이 한 말,
"This too will pass(이 또한 지나가리라)" 로 위안을 삼으세요.

그 어떤 사람도 원하는 일을 하며
원하는 사람을 만나 원하는 곳에서 사는 사람은 없습니다.
부족한 한 가지는 가지고 살아가니까요.
그럼에도 불구하고 인생을 살아가는데 가장 중요한 것은
무엇을 하든 자신을 믿고 사랑하고 확신을 갖는 것입니다.
울퉁불퉁 가시밭길의 인생에 빛이 되고
이정표가 되는 사람은 '자신' 이니까요.

이 책에 실린 글은 용기가 부족해서 망설일 때,
너무 힘들어 포기하고 싶을 때마다
나를 일으켜 세워 주던 글입니다.
눈물이 툭 터질 만큼 울고 싶을 때
손수건이 되어 닦아 줄 수 있는 책이기를,
잠시 흔들려 멈추어 있을 때 나아갈 수 있는 이정표이기를,
위기를 만났거나 실패했을 때 따뜻한 위로가 되고 힘이 되기를,
그리하여 맘에 들지 않는 삶을 조금이나마
바꿀 수는 책이기를 바랍니다.

김정한

내일 1

가장 높이 나는 새가
가장 멀리 본다.

The gull sees farthest
who flies highest.

A Psalm Of Life

Tell me not, in mournful numbers,
Life is but an empty dream! -For the soul is dead
that slumbers, And things are not what they seem.
Life is real! Life is earnest!
And the grave is not its goal;
Dust thou art, to dust returnest,
Was not spoken of the soul.
Not enjoyment, and not sorrow,Is our destined
end or way;But to act, that each,
 tomorrowFind us further than to-day.
Art is long, and time is fleeting,And our hearts,
though stout and brave,Still, like muffled drums,
are beatingFuneral marches to the grave.
In the world's broad field of battle, In the bivouac
of life,Be not like dumb, driven cattle!
Be a hero in the strife!
Trust no Future, howe'er pleasant!Let the dead
past bury its dead!Act, - act in the living
present!Heart within, and God o'erhead!
Lives of great men all remind usWe can make
our lives sublime,And, departing, leave behind
usFootprints on the sands of time;
Footprints, that perhaps another,Sailing o'er
life's solemn main,A forlorn and shipwrecked
brother,Seeing, shall take heart again.
Let us, then, be up and doing,With a heart for any
fate;Still achieving, still pursuing,Learn to labor
and to wait.

인생찬가

슬픈 사연으로 내게 말하지 마라,
인생은 한낱 허황된 꿈에 지나지 않는다고!
– 잠자는 영혼은 죽음이고, 만물의 본체는 외양대로만은 아니란다.
인생은 현실! 인생은 진지한 것!
무덤이 그 목표는 아니다;
너는 본래 흙이라, 흙으로 돌아가리라,
이것은 영혼을 두고 한 말은 아니었다.
우리가 가야 할 곳, 혹은 가는 길은, 향락이 아니고 슬픔도 아니며;
내일의 하루하루가 오늘보다 낫도록 행동하는 그것이 인생이니라.
예술은 길고 세월은 날아가며, 우리의 심장은 튼튼하고 용감하면서도,
마치 감싸진 북과 같이, 무덤을 향해 장송곡을 계속 울린다.
이 세상 넓은 싸움터에서, 인생의 천막 안에서,
말 못하고 쫓기는 짐승이 되지 말고!
싸움터에 나선 영웅이 되어라!
아무리 즐거울지라도 〈미래〉를 믿지 말라!
죽은 〈과거〉로 하여금 그 죽음을 묻게 하라!
활동하라,
– 살고 있는 〈현재〉에 활동하라!
가슴속에는 심장이 있고, 머리위에는 신이 있다!
위인들의 모든 생애는 말해 주노니
우리도 장엄한 삶을 이룰 수 있고,
이 세상 떠날 때는 시간의 모래위에 우리 발자국을 남길 수 있음을;
아마도 후일에 다른 사람이, 장엄한 삶의 바다를 항해하다가,
외롭게 난파한 그 어떤 형제가 보고, 다시금 용기를 얻게 될 발자국을.
그러니 우리 이제 일어나서 일하자.
어떠한 운명도 이겨낼 정신을 가지고 끊임없이 성취하고 추구하면서,
일하고 기다리기를 함께 배우자.

_H.W.롱펠로우

나다운 정체성을 찾아라

"롤 모델이란 '누구처럼' 성공하기 위해서가 아니라
'나답게' 살아가기 위한 일종의 참고인이라 할 수 있어.
그런데 나답게 살기 위해서는
'무엇이 나다운 것인가?' 라는 질문을
도저히 피해 갈 수가 없지 않겠나?
_하워드의 선물

◆

땅속에 아무리 값진 금광석이 묻혀 있더라도
캐내어 제련하지 않으면 그저 흔한 돌일 뿐이다.
내 안에 숨어있는 '나 다운' 정체성을 찾아라.
사람은 누구나 한 가지의 재능은 타고난다.
불씨를 찾아내어 열정적으로 일구어
불을 지펴야 '내 것' 이 된다.
나만의 독특한 무늬와 색깔과 향을 지닌
나를 대표하는 정체성의 창조,
그것이 꿈의 이룸이고
성공의 버팀목이고 행복의 사다리가 된다.

첫 걸음을 정확히 내딛어라

We need to put a new state of mind into a new day.
새로운 하루에는 새로운 마음을 담아야 한다.
_아우구스티누스

◆

무엇을 하든 시작이 중요하다.
첫 걸음은 정확히 내딛어라.
나의 눈과 귀, 코, 입술이 춤추게 하는 것을 찾아라.
세상의 기준, 남의 시선을 뒤로하그
첫 생각, 첫 행동은 내 마음이 시키는 대로 움직여라.
몸과 마음이 리듬에 맞춰 신나게 츰 출수 있게.

첫 걸음을 정확히 내딛어라

삶의 균형을 잡아라

균형 잡힌 시선을 지닌 자는,
가장 매혹적인 걸음걸이로 자신의 생을 걸어간다.
_레이첼 카슨

◆

누구나 한 가지 핸디캡은 가지고 있다.
사람들은 약점을 없애고 싶어 하지만
사실은 그것 역시 나를 살게 하는 소중한 자산이다.

부족한 것을 채우고
모난 것을 조금씩 둥글게 만드는 것이
삶의 목적이니까.
노력, 의지, 열정, 땀의 조화가
삶의 균형을 만드는 요소니까.

약점의 주춧돌을 내 힘으로 줄여가야
무거운 걸음이 가벼워지고
몸의 중심을 잡으며 흔들림 없이 생을 걸어갈 수 있다.

그 모습 그대로 최고가 되라

Not first, but best.
처음은 아니지만 최고가 되라.
_스티브잡스

◆

꽃은 벚꽃대로,
매화는 매화대로
그 모습 그대로가 가장 아름답다.

인간도 마찬가지이다.

누구 하나 사명이 없는 사람은 없다.

희망만 잃지 않는다면
그 사람만이 가진 가장 찬란한 빛을 발하면서
자기다운 인생을 살 수 있다.
_이케다 다이사쿠 명언 100선

선택을 할 때에는
얼음(ice)처럼 냉정하라

The difficulty in life is the choice.
인생에 있어서 어려운 것은 선택이다.
_영어 명언

◆

신은 인간에게 태어남과 죽음에 대한
선택권을 허락하지 않았지만
그 밖의 것에는
얼마든지 선택할 수 있는 자유를 주었다.

그러나 선택을 할 때에는
'얼음(ice)처럼 냉정하라'는 뜻에서
Choice 안에 ice를 심어두었다.

선택을 잘못해서
지금 벼랑 끝의 시간을 보내고 있다면
뉘우치고 다짐하라.

어제의 선택이 옳지 못했다고,
그러나 포기하지 않겠다고.
다짐하고 맹세하고 오늘 당장 시작하라.

기회를 기적으로 만들라

누구나 평생을 살면서
세 번의 기회(Chance)를 맞이한다그들 란다.

여기서 기회란 다른 말로 바꾸면
'변화(Change)를 시도하지
않으면 맞이하기 힘든 체험'이라고 볼 수 있다.
변화 없이는 기회도 없다.

변화를 의미하는 'Change'의 'g'를 'c'로 바꾸면
기회를 의미하는 'Chance'가 된다.
_〈PING〉

◆

오늘 걷지 않으면, 내일 뛰어야 한다.
오늘 할 일을 내일로 미루면
내일 할 일까지 미루어진다.
현명한 선택과 정확한 실천으로
기회를 기적으로 만들라.

두드려라,
반응이 없으면 또 두드려라

마음이 가리키는 곳으로 따라가면
반드시 보물을 발견할 수 있어.
그리고 그 보물을 발견했을 때,
거기서 자네 마음도 같이 찾을 수 있을 거네.
자네가 무언가를 간절히 원할 때,
온 우주는
자네의 소망이 실현되도록 도와준다네.

_파울로 코엘료 〈연금술사〉

◆

성공의 문은
누구에게나 굳게 닫혀 있다.
성공의 문이라 생각 들거든
주저 말고 신호를 보내라.
두드려라.
반응이 없으면 또 두드려라.
반응이 있을 때까지
간절한 마음을 담아 두드려라.
포기하지 않고
끝까지 두드리는 사람에게 성공의 문은 열린다.

아무리 힘들어도
포기하지 마라

The greatest glory in living lies not in never falling,

but in rising every time we fall.

결코 넘어지지 않는 것이 아니라 넘어질 때마다 일어서는 것,

거기에 삶의 가장 큰 영광이 존재한다.

_넬슨 만델라

◆

아무리 힘들어도 포기하지 마라.

열쇠 꾸러미에서 실제로 문을 여는 것은

가장 마지막 열쇠일 경우가 많다.

_〈마법의 순간〉

태어나려는 자는
하나의 세계를 깨뜨려야한다

새는 알에서 나오려고 투쟁한다.
알은 세계이다.
태어나려는 자는 하나의 세계를 깨뜨려야 한다.

_헤르만 헤세〈데미안〉

◆

지금 '이 순간'
꿈을 잃으면 행복을 포기한 것이고
꿈을 가지면 행복을 얻는 것이다.

꿈을 가져야 노력하게 되고
노력해야 원하는 것이 이루어진다.

시작은 내일 모레도 아닌
지금 '이 순간' 이다.
명심하라.

삶의 조각이 어긋날 때는
정확히 맞추면서 가라

조금 느려도 괜찮다.
의지가 있고 확신이 있다면 괜찮다.
제 몸에 다른 것을 품어도 소나두는 소나무일 테니까.

세상의 빛을 보려면 아기가 엄마의 자궁 속에서
열 달을 기다려야 한다.
투정부리지 말고 화내지 말고
내 속도대로 멈추지 않고 꾸준히 가라.

조금 늦으면 어떠냐.
내가 바라는 목적지에 정확히 도착하면 되는 거지.
삶의 조각이 어긋날 때는 정확히 맞추면서 가라.
열쇠와 자물쇠가 정확히 맞아야 둔이 열린다.

느긋하게 믿음을 가지고 웃으며 가라.
삶의 과정도 즐기면서 말이다.
그래야 지치지 않고 마음도 다치지 않는다.
멈추지 않고 성실히 가다보면
어제보다 단단해진 삶의 근육도 보일 테고.
목적지를 향해 씩씩하게 가라.

길이 되는 사람이 되라

길이 끝나는 곳에서도 길이 있다.
길이 끝나는 곳에서도
길이 되는 사람이 있다.
스스로 봄길이 되어
끝없이 걸어가는 사람이 있다.
_정호승 〈봄길〉

◆

길은 누군가 걸어가면서 만들어졌다.
꿈을 이루겠다고
첫 발을 내딛는 순간 절반은 이루어진 것이다.
나의 한계는
내게 부여된 한계보다 훨씬 작을지도 모른다.
그럼에도 불구하고
목표를 향해 끝까지 간다면 꿈은 이루어진다.
곧, 많은 것을 하게 되고 갖게 되는 능력자가 된다.
화려한 학벌. 든든한 인맥. 돈이라는 날개가 없으면
두발로 달려라.
목숨을 걸며 포기하지 말고 끝까지 가라.
노력해서 이룬 꿈이 바로 기적이다.

만물이 가르쳐 주는 것들

하늘에게 물으니 높게 보라고 합니다.
바다에게 물으니 넓게 보라고 합니다.
비에게 물으니 씻어내라 합니다.
산에게 물으니 올라서라 합니다.
파도에게 물으니 부딪쳐보라 합니다.
인간에게 물으니 마음으로 보라 합니다.
바람에게 물으니 맞서라 합니다.

사랑은 끓이는 것이고
미움은 식히는 것입니다.

가족은 살피는 것이고
친구는 어울리는 것이 랍니다.

오늘도 내 사랑은 뜨거운 것이며
마음이 생긴다면 무조건 식힐 것 입니다.

_위지안

마음이 움직이는 대로 하라

'할 수 없다' 고 생각하는 것은
'하기 싫다' 고 다짐하는 것과 같다.
_스피노자

◆

마음을 비우고 집중해봐.
이전에 알고 있던 것들은 모두 잊어라.
아무 표현도 하지 말고, 아무 판단도 하지 말고,
네 안에 있는 그 소리에 귀를 기울여라.

마음에서 일어나는 갈등과 혼란은,
네가 진정한 마음의 부름을 듣게 되면
자연히 사라지게 마련이란다.
결국, 네가 가야 할 길은
네 마음이 이미 알고 있던
본래의 고향을 찾아가는 것임을 알게 될 게다.
_〈PING〉

행복은 살아가는 과정에서 만난다

행복은 여정이지,
목적지가 아니라는 점을 기억하라.
_로이M.굿맨

◆

삶에는
그것을 가로막는
장애물이 존재하지만,

그 똑같은 장애물이
누군가에겐
도약을 가능케 해 주는
지지대가 되기도 한다.
_〈PING〉

자신에게 물으라

사람의 영혼 속에는 세계의 혼과 지혜의 침묵이 깃들어 있다.
목표를 향해 페달을 밟으며 우리는 늘 자신에게 물어야 한다.
오늘 기억해야 할 것은 무엇일까?
해가 보이는 날에도, 비가 내린다 해도 기억해야만 한다.
언젠가 먹구름은 사라지리라는 걸.
구름이 걷히면 언제나처럼 해는 그 자리에 나타난다.
그것은 결코 사라지지 않는다.
외로울 때, 이것을 반드시 기억해야 한다.
_파울로 코엘료

◆

어디에서 무엇을 하든 항상
'나는 누구인가, 무엇을 위해 어디로 가는가'를
자신에게 물으라.
그러면 내안의 주인이 답을 해 줄 것이다.

하나의 소망을 간절히 기도하라

기도란
있는 그대로에 대한 열렬한 진술이다.
따라서 어떤 기도도 응답 없이 지나가지 않는다.
모든 기도,
모든 생각,
모든 진술,
모든 느낌에는
창조하는 힘이 있다.
그 기도를 얼마나 열렬하게,
진실하게 지속하는가에 따라,
바로 그 정도에 따라,
그것은 너희의 체험 속에서 구체화될 것이다.
_닐 도날드 월시

◆

무작정 백일, 천일기도한다고
소망이 이루어지지 않는다.
정성을 다해 후회 없이 살며
하나의 소망을 간절히 기도할 때
기도는 이루어진다.

부족하더라도 아낌없이
지지하고 응원하라

스스로를 향해 너는 이렇다,
저렇다, 서투른 판단의 잣대를 들이대지 마라.
그럴 때마다 당신이 얻는 것은 상처뿐이니까.
_파울로 코엘료

◆

현재의 모습을 인정하라.
부족하더라도 아낌없이 지지하고 응원하라.
아무리 견딜 수 없는 고통도 벗어나고 싶은 결핍도
시간 앞에 정중히 무릎을 꿇는다.
비 그친 후에는 무지개가 보일 것이고,
화려한 빛이 쏟아진다.
지금 죽도록 가난하더라도 비난하지 마라.
자신을 다독이며 위로와 사랑의 말을 자주하라.
나를 살게 하고 죽게 하는 것도 나 자신임을 기억하라.

생각하고 또 생각하라

생각은 순수 에너지다. 너희가 갖고 있고,
일찍이 가졌으며,
앞으로 가질
모든 생각에는 창조하는 힘이 있다.

너희의 생각 에너지는 영원히 죽지 않는다.
영원히. 그것은 너희라는 존재와 머리를 벗어나
우주 속으로 영원히 퍼져나간다.

생각은 영원하다.
모든 생각은 모여든다.
즉, 모든 생각은 엄청나게 복잡한 에너지의 미로 속에서
서로 교차하면서, 형언할 수 없을 만큼 아름답고,
믿을 수 없을 만큼 복잡하면서도,
끊임없이 변화하는 무늬를 이루면서
다른 생각들과 만난다.
그렇게 비슷한 에너지는 비슷한 에너지를 끌어당긴다.

_〈신과 나눈 이야기〉

세상의 주인공은 나

We are still masters of our fate.
We are still captains of our souls.
우리는 여전히 우리 운명의 주인이다.
우리는 여전히 우리 영혼의 선장이다.
_윈스턴 처칠

◆

세상의 주인은 나다.
나만의 씨앗을 뿌려라. 남의 밭에 기웃거리지 말고
내가 뿌린 씨앗에 물을 주고 열심히 보살펴라.
나무는 튼튼히 자랄 것이고,
나와 가족을 위해 웃음을 주고,
먹을 것을 주는 든든한 친구가 될 것이다.
아무리 힘들어도 포기하지 마라.
나를 위한 해는 반드시 떠오른다.

조금씩 바꿔 생각하고 행동하라

조금씩 바꿔 행동하라
부자는 계속 배우고 발전한다.
가난한 사람은 이미 안다고 생각한다.
세상에서 제일 위험한 문장은
"나는 다 알고 있다"는 것이다.
당신이 정말로 아는지 모르는지 알아내는 방법은 간단하다.
아는 대로 살아가면 아는 것이다.
듣고, 읽고, 말하지만 그대로 살지 못하면 아직 모르는 것이다.
"다 안다"라는 태도에서
"다 배우겠다."라는 태도로 바꾸면 모든 것이 달라진다.
생명이 있는 것들은 변화하며 진화한다.
항상 하든 일만 계속하면 가진 것만 유지한다.
새로운 것을 찾아라.
　_〈백만장자 시크릿〉

◆

조금씩 바꿔 생각하고
조금씩 바꿔 행동하면 미래는 더 밝다.
어제는 바꿀 수 없지만 내일은 얼마든지 바꿀 수가 있다.
그러나 이 순간을 마지막 날이라 생각하며 살아야 한다.

있는 그대로를 사랑하라

오래 엎드려 있던 새는
반드시 높이 날고
먼저 핀 꽃은 홀로 일찍 진다.

_채근담

◆

비바람 불어 흙탕물 뒤집어썼다고
꽃이 아니더냐.
다음에 내릴 비가 씻어준다.
이 세상에서 가장 슬픈 것은
너무 일찍 죽음을 생각하게 되는 것이고
가장 불행한 것은
너무 늦게 사랑을 깨우치는 것이다.

_〈상실 수업〉

천천히 마음이 원하는 것을 보라

처음에는 마음을 바라보기 어렵다.
왜냐하면 마음은 내가 나 자신과 관계 맺는 방식,
그리고 내 주위 세상과 관계 맺는 방식에
너무도 밀접하게 연결되어 있기 때문이다.

마음을 바라보는 일은
거울 없이 자기 얼굴을 보려고 애쓰는 것과 같다.
얼굴이 있다는 걸 알고
어떻게 생겼다는 걸 알지만 약간 애매모호하다.

생각과 감정과 그 밖의 조건들에 따라 얼굴에 영향이 가해지고
인상과 표정이 끊임없이 변화하기 때문에
그 생김새가 불명확하다.
마찬가지로 우리는 우리가 마음을 가지고 있다는 걸 알지만
그것의 생김새는 끊임없이 겹쳐지는 생각과
느낌과 기분들에 의해 애매모호해진다.

자신의 생각과 느낌들에 대한 자신의 생각과 느낌,
또 그 생각과 느낌에 대한 생각과 느낌들까지 겹쳐진다.

_〈티베트의 즐거운 지혜〉

가치 있게 채우고 또 비워라

무엇을 채우느냐에 따라
결과는 달라지며
무엇을 비우느냐에 따라
가치는 달라진다.
인생이란
그렇게 채우고 또 비우며
자신에게 가장 소중한 것을 찾아가는 길이다.
수많은 선택과 도전 앞에서
후회 없는 선택을 위한 지혜와
그것을 실행할 수 있는
용기를 잊지 않기를 바라며.
_〈하워드의 선물〉

◆

채우고 비우는 과정의 연속이 인생이다.
채우는 것 보다 더 어려운 선택이 바로 비우는 거다.
웃음으로 비울 때와 눈물로 비울 때의 차이는 다르다.
채우는 것이든, 비우는 것이든,
웃음으로 행할 때 만족은 크다는 것을 잊지마라.

세상을 바꾸는 힘,
용기는 나에게서 시작된다

비관적이기만 했던 것을
긍정적인 것으로 바꾸는 것,
그 사이에 바로 집념과 끈기가 있다.

의도적인 삶을 사는 데는 두 가지가 필요하다.
하나는 믿음(belief),
그리고 다른 하나는 의지(will)다.
그 두 가지만 있다면 불가능한 것이 없다.
변화는 네가 죽을 때까지 따라다닐 친구로 여겨라.
_〈PING〉

◆

세상에서 가장 어리석은 사람은
세상이 바뀌기를 기다리는 사람이다.
나 먼저 바뀌지 않고는
절대로 내가 원하는 세상은 오지 않는다.
세상을 바꾸는 힘, 용기는 나에게서 시작된다.

누구나 자기 운명의 열쇠를 가지고 있다

누구나 원하는 대로 자신의 미래를 가꾸는 거야.
내가 옳다고 믿고 가슴 깊은 곳에서
느끼는 대로 내 인생을 살아야 해.
하고자 하는 의지만 있으면 뭐든지 할 수 있어.

_영화 〈백 투 더 퓨처〉 중에서

◆

인생에 있어서 기회가 적은 것은 아니다.
그것을 볼 줄 아는 눈과
붙잡을 수 있는 의지를 가진 사람이 나타나기까지
기회는 잠자코 있는 것이다.
재난이라 할지라도
그것을 휘어잡는 의지 있는 사람 앞에서는
도리어 건설적인 귀중한 가능성을 품고 있는 것이다.
부모의 유산도 자식의 행복을 약속해 주지는 않는다.
우리는 상상하는 것 이상으로
우리 자신의 힘 속에
자기 운명의 열쇠를 가지고 있는 것이다.

_로렌스 굴드

사람도 희망이 있기에 꿈을 꾼다

우리가 최선을 다해야 하는 이유는
사람들을 감동시키기 위해서가 아니다.
최선을 다할 때만이
자신이 즐겁게 일할 수 있기 때문이다.
_앤드류 매튜스

◆

달은 보름달이 될 거란
희망이 있기에
서서히 차오르는 것이다.

사람도 희망이 있기에 꿈을 꾼다.
혼자 있어도 빛나는 별은
어디에서든 빛을 잃지 않는다.
오늘은 누군가의 힘으로 빛을 내는 달이 되라.
내일은 스스로 환하게 세상을 비추는 별이 되라.

오늘 할 일을 내일로 미루지 마라

Don't put off till tomorrow what you can do today.
오늘 할 일을 내일로 미루지 마라.
_영어 속담

◆

오늘 배우지 않으면서 내일이 있다고 말하지 말며,
올해 배우지 않으면서 내년이 있다고 말하지 말라.
해와 달은 가고 세월은 나를 기다려주지 않으니
아, 늙었도다.
이 누구의 허물인가?
소년은 늙기 쉽고 학문은 이루기 어려우니,
잠시의 시간도 가볍게 여기지 마라.
연못가의 봄풀은 아직 꿈에서 깨지 못했는데,
댓돌 앞의 오동나무 잎은 이미 가을 소리를 전하는구나.
_주자 〈권학문〉

현재보다 미래를 꿈꿔라

한 노인이 뜰에 묘목을 심었다.
마침 그곳을 지나가던 나그네가 노인에게 물었다.
"할아버지께선 언제쯤 그 나무에 열매가 열릴 것이라고
생각하십니까?"
"아무래도 한 60년은 지나야
열리겠지."
노인이 대답하자 나그네가
다시 물었다.
"할아버지께서 그때 까지 사실 수 있으시겠어요?"
나그네의 말뜻을 알아차린
노인은 이렇게 대답했다.
"물론 그때까지 살 수 없겠지,
하지만 내가 태어났을 때
우리 과수원에는 과일이 많이 열려있었네
그것은 내가 태어나기 수십 년 전에
나의 할아버지가 나를 위해 심어주셨기 때문이지
이제 나도 내 할아버지와 똑같은 일을 할 뿐이라네."

_탈무드

한계를 뛰어 넘어야 나아가는 거다

멀리 나는 새가 더 많은 것을 볼 수 있다.
우리는 우리가 이 세계에서 배운 것을 통해서
우리의 다음 세계를 선택한다.
아무것도 배우지 않는다면,
다음의 세계도
지금의 세계와 똑같은 것일 수밖에 없다.
누군가에게 힘이 주어졌을 땐
그것을 '이룰 힘'도 같이 주어진다.
네가 무엇을 하고 있는지를 너 스스로 알 때,
그것은 언제든지 성취될 수 있는 것이다.
자, 이제는 마음과 힘을 조정하는 일에 전력을 다하는 거다.
_리처드 버크

◆

무슨 일이든 스스로의 한계를
넘어설 정도로 하고 있지 않다면
당신은 진정 앞으로 나아가고 있는 게 아니다.
_〈마법의 순간〉

1년의 계획은 봄에 있고
하루의 계획은 아침에 있다

What we dwell on is who we become

우리가 무슨 생각을 하느냐가
우리가 어떤 사람이 되는지를 결정한다.

_오프라 윈프리

◆

1년의 계획은 봄에 있고
하루의 계획은 아침에 있다.
봄에 갈지 않으면 가을에 거둘 것이 없고
아침 일찍 일어나서 서두르지 않으면 그날 할 일을 못한다.
젊은 시절을 1년으로 치면 봄이고,
하루로 치면 아침이다.
그러나 봄은 꽃이 만발하고,
눈과 귀에 유혹이 많다.
이목의 향락을 쫓아가느냐,
부지런히 땅을 가느냐에 인생의 운경이 결정된다.

_관자

용기는 선택하는 자의 몫

용기란 원래부터 있어왔던 게 아니라
매순간 우리가 선택하는 거야.
역사상 위대했던 도전자들도
초인적인 용기를 지녔던 건 아니었어.
단지 그들은 용기를 선택했을 뿐이지.

_〈하워드의 선물〉

◆

세상은 변명이 아닌 "노력"에 대해 보상한다.
인간관계에서 "자신"을 변화시키는 것은 가능하지만
"상대방"을 변화시키려는 노력은 무의미하다.
대부분의 사람들은 지금 살기가
얼마나 어려운지를 깨달으면서도 과거를 후회하거나
미래를 걱정하며 많은 시간을 보낸다.
현재에 사는 것은 외줄타기를 하는 것과 같다.
떨어지지 않을 수 없지만,
연습을 통해 점점 오래 균형을 유지하게 된다.

_앤드류 매튜스

하나를 선택하면 전부 얻을 수 있지만, 모두를 선택하면 하나도 얻기 힘들다

나에게 "어린아이들은 배우는 속도가 엄청나게 빨라.
왜 그런지 아나?"
"글쎄요."
"한 번에 하나씩만 집중하거든. 잡념이 하나도 없어.
아이들은 당장 해야 할 일이 뭔지 알고
그것에만 몰입하기 때문에
결국 차례차례 원하는 걸 얻게 돼.
명심하게, 하나를 선택하면 전부 얻을 수 있지만,
모두를 선택하면 하나도 얻기 힘들다는 걸.
중요한 목표들 간에 우선순위를 신중하게 고려해서
순서를 정하고 나면 마음이 한결 가벼워질 거야.
그렇게 되면 현재의 한 가지 상황에 집중하고
그 다음엔
또 다른 중요한 상황에 집중할 줄 아는 유연성이 생기거든.
그리고 지금 당장은 실현될 수 없을 것 같지만
장기적으로는 달성할 수도 있는
여러 가지 목표들을 추진해가면서
균형감을 가질 수도 있지."

_파울로 코엘료

느끼고 경험하라

느낌은 영혼의 언어이다.
만일 네가 어떤 것을 놓고
무엇이 자신에게 진실인지 알고자 한다면,
네가 그것을 어떻게 느끼는지 살펴보라
_〈신과 나눈 이야기〉

◆

인생은 요리와 같습니다.
좋아하는 게 뭔지 알려면
일단 모두 맛부터 봐야 하죠.
_〈마법의 순간〉

지금 알고 있는 걸 그때도 알았더라면

지금 알고 있는 걸 그 때도 알았더라면
내 가슴이 말하는 것에
더 자주 귀 기울였으리라
더 즐겁게 살고, 덜 고민했으리라
금방 학교를 졸업하고 머지않아
직업을 가져야 한다는 걸 깨달았으리라
아니, 그런 것들은 잊어 버렸으리라
다른 사람들이 나에 대해 말하는 것에는
신경 쓰지 않았으리라
그 대신 내가 가진 생명력과 단단한 피부를
더 가치 있게 여겼으리라
더 많이 놀고, 덜 초조해 했으리라
진정한 아름다움은 자신의 인생을
사랑하는 데 있음을 기억했으리라

부모가 날 얼마나 사랑하는가를 알고
또한 그들이 내게 최선을 다하고 있음을 믿었으리라
사랑에 더 열중하고
그 결말에 대해선 덜 걱정했으리라
설령 그것이 실패로 끝난다 해도
더 좋은 어떤 것이 기다리고 있음을
믿었으리라

아, 나는 어린아이처럼 행동하는 걸
두려워하지 않았으리라
더 많은 용기를 가졌으리라
모든 사람에게서 좋은 면을 발견하고
그것들을 그들과 함께 나눴으리라

지금 알고 있는 걸 그때도 알았더라면
나는 분명코 춤추는 법을 배웠으리라
내 육체를 있는 그대로 좋아했으리라
내가 만나는 사람을 신뢰하고
나 역시 누군가에게 신뢰할 만한 사람이 되었으리라

입맞춤을 즐겼으리라
정말로 자주 입을 맞췄으리라
분명코 더 감사하고,
더 많이 행복해 했으리라
지금 내가 알고 있는 걸 그때도 알았더라면

_킴벌리 커버거 /류시화 역

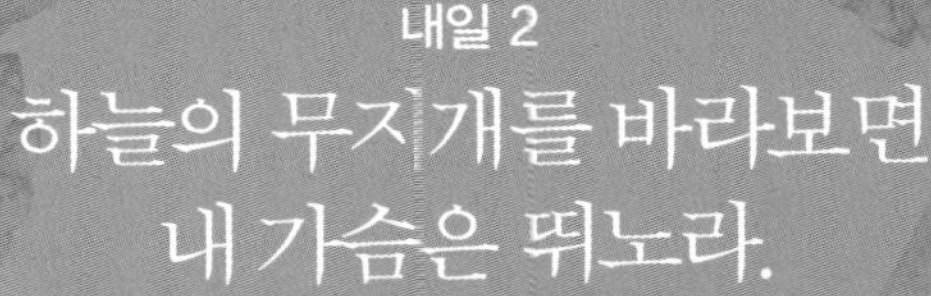

내일 2
하늘의 무지개를 바라보면
내 가슴은 뛰노라.
My heart leaps up
when I behold A rainbow in the sky.

My heart leaps up

_ W. Wordsworth

My heart leaps up when I behold

A rainbow in the sky :

So was it when my life began ;

So is it now I am a man ;

So be it when I shall grow old,

Or let me die.

The Child is father of the Man ; And I could wish my days to be

Bound each to each by natural piety.

무 지 개

_월리엄 워즈워드

하늘의 무지개를 바라보면
내 가슴은 뛰노라.
내 삶을 시작할 때도 그러했고,
어른이 된 지금도 그러하네.
나 늙어서도 그러하기를,
아니면 죽어도 좋으리.
어른의 아버지,
나는 원하노라.
나의 나날들이,
자연적 경건함으로 서로 결합되기를.

인생은 초콜릿 상자에요

Mama always said life was like a box of chocolates.

You never know what you' re gonna get.

엄마는 항상 인생은 초콜릿 상자라고 했어요.

어느 것을 잡을지 모르기 때문이죠.

_영화 〈포레스트 검프〉

◆

꿈을 이루는 첫 번째 할 일은
나의 길을 찾는 것이다.
목적지가 정해지면
방향을 찾고 지름길을 찾으면 된다.
자신의 길을
그대로 찾아 가는 사람은 많지 않다.
많은 사람들이
다른 사람의 길로 가다가 다시 돌아 나온다.
내 길을 정확히 찾는 것,
성공의 첫 번째 조건이다.

인생은 초콜릿 상자에요

영원히 살 것처럼 꿈꾸고
오늘 죽을 것처럼 살아라

Dream as if you'll live forever lives if you'll die today.
영원히 살 것처럼 꿈꾸고 오늘 죽을 것처럼 살아라.

_제임스 딘

◆

꿈을 이루는데 있어
가장 중요한 것은
나를 믿는 것이고,
나를 사랑하는 것이고,
나에게 확신을 갖는 것이다.

가슴 뛰게 하는
미래를 꿈꿀 수 있다면,
이미 미래를 살고 있는 거나 다름없다.
단단한 확신을 가지고
생각을 행동에 옮겨라.

꿈은 찾는 것이 아니라
만들어가는 것이다

오늘의 내 모습 그대로를 인정하고 살아가야지.
사람은 과거에서 사는 것이 아니다.
그냥 지금 할 수 있는 일을 하면 되는 거야.

_드라마 〈1리터의 눈물〉

◆

한 뭉치의 눈도
꾸준히 굴려야 눈사람이 된다.
꿈은 찾는 것이 아니라 만들어가는 것이다.
자신이 진정 원하는 대로 사는 삶,
그것이 아무리 위대한 것이라 해도
그 삶을 향한 발걸음 역시 오직
한 번에 한 걸음씩밖에 나아갈 수 없다.
한 걸음씩, 한 걸음씩,
그 발걸음들이 모여
진정한 위대함이 되는 것이다.

무엇이든
나를 중심에 두라

누구나 몰려가는 줄에 설 필요는 없다.
자신만의 걸음으로 자기 길을 가라.
_〈죽은 시인의 사회〉

◆

인생이라는
수레의 관찰자가 되지 말고
주인이 되라.
스스로 끌고
자신의 걸음으로 나아가라.
남의 시선,
세상의 기준에
나를 맞추려 하지 마라.
무엇이든 나를 중심에 두라.

나를 대표하는
정체성을 찾아라

정체성을 영어로 'identity' 라고 한다.
동사는 'identify' 로 우리말로는 '구별하다' 이다.
정체성이란 남과 구별되는 특별한 '나' 를 의미한다.
'나' 는 누구인지 무엇을 해야 행복한지를 제대로 찾아내야
나의 가치를 인정하게 되고 스스로를 존경하게 된다.

내가 진짜 좋아하고 즐겁게 할 수 있는 일을
자신감 있게 도전할 수 있다.
꿈이 무엇이고 무엇이 되고 싶은 것의 귀결점은 행복이다.

대부분의 사람들은 '나는 이런 사람이 될 거야!' 라고 말하고 나서
그와 정반대 방향으로 달려가기 때문에 행복하지 않다.
꿈을 이루고 싶거든 나를 대표하는 정체성을 찾아라.

자존감을
높여라

삶의 기초가 되는 것은 자존(自尊)이다.
자존(自尊)을 영어로 표현한다면 Self-respect,
스스로를 사랑하고 귀하게 여기며 존경한다는 의미다.

자존감이 높은 사람일수록 자신이 하는 일을 사랑한다.

이탈리아의 화가 모딜리아니는 가난하고 몸이 약해서
학교 교육도 제대로 받지 못했다.
자존감을 가지고 본능처럼 그린 그림이 그를 화가로 만들었다.
하지만 그림을 빵과 술로 바꿀 정도로 가난하게 살았다.

그는 자신을 알 수 없다고 생각해서
자화상에도 인색할 정도로 정직했다.
특히 초상화 대부분에는 눈동자가 없다.

이유는 영혼을 알기 전에는
눈동자를 그릴 수 없다고 말했기 때문이다.
어쩌면 자존감 하나로 버틴 독창적이면서도 정직한 화풍이
그를 초상화에 있어 독보적인 존재로 만들었는지도 모른다.
꿈을 이루고 싶거든 자존감을 높여라.

언제나 출발은 바로
'지금, 여기' 야

"네가 꿈을 꾸지 않는 한, 꿈은 절대 시작되지 않는단다.
언제나 출발은 바로 '지금, 여기' 야.
너무 많은 사람이 적당한 때와 적당한 곳을 기다리느라
너무 많은 시간을 허비하지.
그것에서 그치는 게 아니라,
기다리는 와중에
소망하던 마음 자체가 사라져 버리기도 한단다.
때가 무르익으면 그럴 수 있는 조건이 갖춰지면
하고 미루다 보면,
어느새 현실에 파묻혀 소망을 잃어버리지.
무언가 '되기(be)' 위해서는
반드시 지금 이 순간 무언가를 '해야(do)' 만 해."

_스튜어트 에이버리 골드〈ping〉

◆

지금보다 절실한 나중이란 없다.
나중이란 영원히 오지 않을 수도 있기 때문이다.
눈앞에 와있는 지금 아닌,
안 올지도 모를 다음 기회를 얘기하기엔
삶은 그리 길지 않다.

_드라마 〈응답하라 1997〉

방향을 정확히 찾아
첫 걸음을 내딛어라

미국의 경영인이자 컨설턴트로 유명한 스티븐 코비의 일화다.
그의 부인이 결혼을 하고 아이를 막 낳았을 무렵,
자신의 아버지와 대화를 나누고 있었다.
"아버지. 이 어린아이 하나를 키우느라고
내 할일을 전혀 못하고 있어요.
내게 많은 능력이 있어도 그것을 활용할 기회가 전혀 없어요.
이것이야말로 일종의 시간낭비 아닌가요?
그동안 노력해 왔던 것들이 물거품이 되는 것 같아서 속상해요."
그러자 아버지가 말했다.
"시간 관리 같은 것은 신경 쓰지 말거라.
달력과 시계를 없애 버려.
그리고 지금 네가 네 인생에서 가장 중요하고
소중한 아이를 돌보고 있다는 것을 감사히 생각하고
그것을 즐기도록 하거라. 명심해.
인생에서 중요한 것은 시간이 아니라 방향이란다."

내가 현재 어디에 머물러 있는가보다
더 중요한 것은 내가 어디로 가야 하는가,
즉, 방향을 찾아 첫 걸음을 정확히 내딛는 거다.

항상 우직하게 나아가라

Stay Hungry. Stay Foolish.
항상 갈망하라. 항상 우직하게 나아가라.

_스티브 잡스

◆

연꽃은 연못에서도 꽃을 피우고
진흙 속에서도 화려한 자태를 드러낸다.
그 안에는 천 개의 매혹적인 색깔의 꽃잎을 품고 있다.
사람도 마찬가지다.
건강하게 태어났다는 것은 꿈을 이루는 씨앗을 가졌다.
어떤 땅에 뿌려 어떻게 가꾸느냐에 따라 열매의 가치가 다르다.
재능을 바탕으로 꾸준히 가꾸어라.
하고 싶은 것, 잘하는 것을 하는 것은 놀이가 되고
하기 싫은 것, 억지로 해야 하는 것은 숙제가 된다.
요한 볼프강 폰 괴테가 쓴 〈파우스트〉에 보면
"인간은 노력하는 한 실수하게 되어 있다.
(Es irrt der Mensch, solange er strebt)"고 했다.
성공은 평지에 한꺼번에 쏟아지는 비가 아니다.
한 줄 두 줄 모이고 쌓여 한 권의 책이 되는 것처럼
울퉁불퉁한 장애물도 온몸으로 부딪치며 걷어내야 한다.

꿈을 꾸지 않는 한,
꿈은 시작되지 않는다

꿈을 이룬다는 것은
무엇을 해야 즐겁고 만족할 수 있는지
그 일을 찾아내는 것이다.
누구도 흉내 낼 수 없는
나만의 특별한 무엇을 창조하는 것이다.

세상에는 평생을 좋아하는 일을
해보지도 못하고 불행하다며
한탄만 하다가 떠나가는 사람도 있다.
삶의 가장 중요한 가치는
'내가 누구이며 무엇을 해야 행복한가'를
정확히 아는 것이다.

명예, 돈, 힘, 웃음을 안겨주는
지상에서 최고로 아름다운 꽃, 그게 꿈이다.
누구든 꿈을 꾸지 않는 한, 꿈은 시작되지 않는다.
출발은 바로 '지금, 여기'에서 시작하라.

실패 너머에는 성공이 있다

I've failed over and over and over again in my life.

A and that is why I succeed.

나는 살면서 수없이 많은 실패를 경험했다.

그러나 그것이 바로 내가 성공할 수 있었던 가장 큰 비결이다.

_마이클 조던

◆

농구의 황제라고 불리는 마이클 조던.

그는 자신의 성공 요인을 실패에서 찾는다.

"나는 지금까지 9,000번도 넘게 슛을 성공시키지 못했다.

시합에서는 300번도 넘게 졌다.

사람들이 나를 믿고 패스한 공도 26번이나 성공시키지 못했다.

나는 실패하고, 실패하고 또 실패했다.

하지만 그것이 바로 내가 성공한 이유이기도 하다."

모든 실패에는 극복의 방법도 숨어 있다.

장애에 부딪쳤을 때 돌아가거나 포기하면 거기에서 그치지만,

타고 넘든, 뚫고 지나든, 어떻게 해서든,

그것을 극복할 방법을 찾으려 노력하면

이겨 낼 수 있는 것이 인생이다.

매 순간 삶을 즐기는 사람은

다시 도전할 수 있는 열정을 찾게 되고

열정이야말로 성취를 찾게 만드는 뜨거운 동력이 될 수 있다.

누구나 한 번은 꽃을 피운다

사람은 꽃이다.
누구든 태어나서 죽기까지
한 번의 꽃을 피운다.
4월에 피는 꽃이 있고
12월에 피는 꽃이 있다.

시작과 동시에 꽃을 피우는 사람이 있고
10년의 기다림 끝에 꽃을 피우는 사람이 있고,
죽기 직전에 꽃을 피우는 사람이 있다.
다만 온 정성으로 최선을 다해야
아름답고 향기가 진한 꽃을 피울 수 있다.

조급하게 굴지 말고 최선을 다하며 기다려라.
기다리면 기회는 반드시 찾아온다.
어떤 기회가 어떤 인연이 되어
나의 손을 잡아줄지 아무도 모른다.
기회를 기적으로 만드는 것,
그것도 선택이고 능력이다.

나를 위해 건배하라

Here's looking at you, kid!
당신의 눈동자에 건배!

_카사블랑카

◆

무엇이든 가장 먼저 나를 생각하라.
무엇이든 첫 번째 의미를 나에게 두라.
나를 위해 건배하라.

나를 위해 웃고
나를 위해 울고
나를 위해 노래하고
나를 위해 춤을 추어라.
나를 위해 선물하고
나를 위해 여행하고
나를 위해 투자하라.
나를 위해 아낌없이 지지하라.

좋은 습관이 좋은 사람을 만든다

사람은 처음 30년 동안 습관을 만든다.
그리고 나머지 30년 동안은 습관이 사람을 만든다.

_스티브 잡스

◆

마음속으로 세상의 모든 것이 드나든다.
평화, 선의, 희망, 관용, 기쁨, 절망, 원한,
걱정, 실의 등이 수시로 들어와 있다가 나간다.
그래서 분주하다. 그래서 혼란이 온다.
부정적인 것이 자리 잡지 않도록 해야 한다.
마음이 안정되어야 행복한 것이다.
마술은 마음속에 있다.
마음이 지옥을 천국으로 만들 수도 있고,
천국을 지옥으로 만들 수도 있다.
마음을 지옥으로 만들고 싶은 사람은 없을 것이다.
마음을 천국으로 만들고 싶은 이들이여!
마음속에 마술을 부려 즐겁고 찬란한 하루를 만들어라.

_토마스 에디슨

기회는 오는 것이 아니라
잡는 것이다

Dance, like nobody is watching you Love,

like you've never been hurt

Sing, like nobody is listening you

Work, like you don't need money

Live, like today is the last day to live.

춤추라, 아무도 바라보고 있지 않은 것처럼 사랑하라,

한 번도 상처받지 않은 것처럼 노래하라,

아무도 듣고 있지 않은 것처럼 일하라,

돈이 필요하지 않은 것처럼 살라,

오늘이 마지막 날인 것처럼

_알프레드 D. 수자

◆

기회는 오는 것이 아니라 잡는 것이다.
삶에 있어 누구를 만났느냐는
어쩌면 한 사람의 인생을 좌우할 수도 있다.

혼자 보다는
함께 하라

Everyone needs help from everyone.
모든 사람들은 모든 사람들로부터 도움이 필요하다.

_베르톨트 브레히트

◆

거미는 자기 힘에 의지해 "홀로" 일하기 때문에
독밖에 만들어 내지 못하지만,
꿀벌은 동료들과 "함께" 자연에서 부터 가져온
원재료로 일을 하여 꿀을 만들어 낸다.
보통사람과 성공한 사람도 같습니다.
혼자 일을 하는가? 팀으로 일을 하는가?
자신이 잘 났다고 생각하고
혼자 다 알아서 할 수 있다고 생각하는
유능한 사람들은 다른 사람을 신뢰하지 못하고,
타인에 대한 존중과 배려보다는
비판과 무시로 일관할 수 있습니다.
가장 훌륭한 성과를 거두는 사람은
능력이 뛰어난 독불장군이 아니라,
다른 사람의 재능과 두뇌를 적극 활용하는 사람이다.

_스티브잡스

생각에 휘둘리지 말고,
당신이 생각을 휘둘러라

Let`s go invent tomorrow rather than worrying about
what happened yesterday.
함께 내일을 만들어 나가자. 과거에 연연하지 말고.
_스티브잡스

◆

쉬운 일만 하려고 하면 인생이 힘들어질 것이다.
힘든 일도 하려고 하면 인생이 쉬워질 것이다.
생각에 휘둘리지 말고, 당신이 생각을 휘둘러라.
지금부터는 예전의 마음이 대장이 아니라
당신이 대장이다.
당신에게는 마음을 통제할 힘이 있다.
부자는 "내 인생은 내가 만든다"고 믿는다.
가난한 사람은 "인생은 우연히 만든다"고 믿는다.
어려움 앞에서 움츠러들거나
문제를 없애려 하거나 피하려고 해서는 성공할 수 없다.
어떤 어려움이 닥쳐 그보다 강해질 수 있도록
자신을 키우는 것이 성공의 비결이다.

_하브 에커

청춘

청춘(靑春)이란 인생의 한 기간(期間)이 아니다.
마음가짐이다. 장밋빛 볼, 붉은 입술, 부드러운 무릎이 아니라 씩씩한 의지, 풍부한 상상력, 불타오르는 정열이다.
청춘은 인생이란 깊은 샘의 신선(新鮮)함이다. 청춘이란 두려움을 물리치는 용기(勇氣), 안일(安逸)한 삶을 뿌리치는 모험심(冒險心), 때로는 20세 청년보다는 60세 노인이 더 젊을 수 있다.
나이 먹는 것만으로 사람은 늙지 않는다.
꿈과 희망을 잃어버릴 때 비로소 늙는다.
세월(歲月)은 피부에 주름살을 늘려가지만 열정(熱情)을 잃으면 영혼(靈魂)에 주름이 진다. 고뇌, 공포, 실당에 의해서 기력(氣力)은 땅을 기고 정신(精神)은 먼지처럼 되어간다.
60세든 16세든 인간의 가슴속에는 경이(驚異)로움에 끌리는 마음 어린이처럼 미지(未知)에 대한 탐구심(探究心), 인생에 대한 흥미(興味)와 환희(歡喜)가 있다.
우리 모두의 가슴속에 마음의 눈에 보이지 않는 우체국이 있다.
다른 사람들과 하느님으로부터 아름다움, 희망, 기쁨, 용기와 힘의 영감(靈感)을 받는 한 당신은 젊다.
영감의 교류(交流)가 끊기고 영혼이 비난의 눈에 덮여 슬픔과 탄식(歎息)의 얼음 속에 갇힐 때 20대라도 인간은 늙을 수밖에 없고 고개를 들고 희망(希望)의 물결을 붙잡는 한, 80세라도 인간은 청춘(靑春)으로 남는다.

_새뮤얼 올만

오늘을 소중히 하라

넌 유죄야!
도대체 내가 무슨 죄를 지었단 말입니까?
인생을 낭비한 죄.

_영화 〈빠삐용〉

◆

오늘을 누려라.
그 누구도 아닌 자기 걸음을 걸어라.
나는 독특하다는 것을 믿어라.
누구나 몰려가는 줄에 설 필요는 없다.
자신만의 걸음으로 자기의 길을 가거라.
바보 같은 사람들이 무어라 비웃든 간에.

_죽은 시인의 사회

무언가를 찾아내기 위해서는
그것과 친해져라

인생에서 무언가를 소유하고
그것을 지키기 위해서는
그것과 친해져야 한다.
돈을 벌고, 돈을 지키기 위해서는
돈을 편안하게 느껴야 한다.

_앤드류 매튜스

◆

눈이 너에게 말하는 것을 믿지 말라.
눈으로 보듯이 배우면 안 된다.
보고 배우는 것은 반드시 한계가 있다.
스스로 움직여서 알아내고 이해해야 돼.
네가 이미 알고 있는 것을 찾아야 한다.
그러면 스스로 나는 법을 깨우치게 될 거야?

_리처드 버크

이름 세 글자를
남길 수 있는 귀한 사람이 되라

인생은 흘러가는 것이 아니라
채우고 또 비우는 과정의 연속이다.
무엇을 채우느냐에 따라 결과는 달라지며
무엇을 비우느냐에 따라 가치는 달라진다.
인생이란 그렇게 채우고 또 비우며
자신에게 소중한 것을 찾아가는 길이다.
_〈하워드의 선물〉

◆

원하는 것을 어떻게 이룰까?
우선 방향과 목적지를 정하라.
잠재된 최대한의 재능을 끌어내라.
대단한 사람이 아니어도
이름 세 글자를
남길 수 있는 귀한 사람이 되라.

보이는 것을 바꾸고 싶으면
보이지 않는 것을 먼저 바꿔라

열매가 달라지길 바란다면
우선 뿌리가 달라져야 한다.
보이는 것을 바꾸고 싶으면
보이지 않는 것을 먼저 바꿔야 한다.
최고의 보상을 받으려면 최고가 되어라.
가슴에 손을 얹고 말하자. 두려워도 행동하겠다.
의심스러워도 행동하겠다. 불안해도 행동하겠다.
불편해도 행동하겠다. 힘들어도 행동하겠다.
하기 싫어도 행동하겠다.

_하브 에커

◆

우리는 정원에서 또 다른 교훈을 얻는다.
열두 개의 콩을 심는다고 해서
열두 그루의 콩 나무를 수확하는 것이 아니다.
프레드는 콩 씨앗을 심는다. 어떤 것은 말라 죽는다.
어떤 것은 바람에 날아가 버린다.
해충이 몇 그루를 망친다.
새들이 서너 그루를 먹어 치운다.
결국 작은 콩나무 두 그루밖에 남지 않자,
프레드는 말한다. '억울합니다!' 그것이 인생이다.

스스로 길을 찾는 여행자가 되라

인생이란 한 번도 안 가본 길을 가는 것과 같아.
그럼 어떻게 해야 원하는 목적지까지 갈 수 있을까.
다행히 세상은 구석구석에
전환점이라는 의미 있는 지표들을 숨겨놨어.
다만 사람들이 그걸 못보고 지나쳐서 문제지.
여행자와 방랑자의 차이를 알겠나.
여행자는 스스로 길을 걷지만
방랑자는 길이 대신 걸어준다네.
_〈하워드의 선물〉

◆

지금 불행하다면
현실을 그대로 인정하고 받아들여라.
그리고 견뎌 이겨내라.
어둠 너머에는 반드시 밝음이 있다.
내일 찬란히 떠오르는
태양을 만나기 위해서는
지금 내 앞에 머무는
가장 짙은 어둠을 물리쳐라.

결정이란 시작일 뿐이야

결정이란 단지 시작일 뿐이라는 점이었다.
어떤 사람이 한 가지 결정을 내리면
그는 세찬 물줄기 속으로 잠겨 들어서,
결심한 순간에는
꿈도 꿔 보지 못한 곳으로 가게 되는 것이다.
_파울로 코엘료

◆

선택과 결정으로 생각과 행동을 바꾸는 힘,
용기는 내가 선택하는 것이다.
선택 후에 찾아오는 책임도 나의 몫,
내가 무언가를 바꿀 수 있다는 것,
그런 힘이 있다는 것은 축복이다.
무엇을 결정하든 주저 말고 나아가라.

여행은 목적지를 정하지 않고 가기도 하지만 인생은 반드시 목적지를 정해서 가야 한다

인도의 속담에
"머리에서 가슴까지 내려가는데 30년이 걸린다."는 말이 있다.
사실 머리에서 가슴까지 거리는 30센티밖에 되지 않는다.
이 말은 차가운 머리에서 따뜻한 가슴으로 내려와
감동을 줄 때까지 오랜 시간이 걸린다는 뜻이다.
원하든 원하지 않았든 세상에 던져졌다고 해서
세상을 외면하고 마음가는대로 살 수는 없다.
무언가는 이루기 위해 나에게 부여된
책임과 의무를 다할 때 권리도 주어진다.
인생은 장애물 경기다.
수많은 장애물을 넘고 또 넘어야 한다.
정신없이 내달렸는데 막다른 길 앞에 설 때도 있다.
그래도 포기하지 말고 돌아 나와야 원하는 것을 얻을 수 있다.

나날이 지혜롭게

포도주는 새 술일 때에는 신포도와 같은 맛이 난다.
그러나 오래 되면 오래 될수록 맛이 좋아진다.
지혜도 똑같은 것이다.
해를 거듭함에 따라 지혜는 닦여진다.

_탈무드

◆

우리가 무엇인가를 하고 싶다는 것은
우리에게 그 일을 할 능력이 있다는 뜻이다.
지금 이 삶에서 어떤 배움을 얻는가에 따라
우리는 우리의 삶을 선택한다.
아무런 배움도 얻지 않는다면
그 다음 삶 역시 똑같은 것일 수밖에 없다.
똑같은 한계. 극복해야 할 똑같은 짐들로 고통 받는다.
배우고, 발견하고, 자유로워지는 것.
그것보다 더 큰 삶의 이유는 없다.

_리처드 바크

누구도 부족한 한 가지는
가지고 살아간다

몸을 닦는 것은 비누고,
마음을 닦아내는 것은 눈물이다.
_탈무드

◆

현재의 나를 인정하고 믿어야
누군가도 나를 있는 그대로
받아들이고 믿게 된다.
남보다 부족하다 해서 자신을 숨기거나
열등감을 가질 필요는 없다.
그 누구도 부족한 한 가지는 가지고 살아간다.
그것으로 위안을 삼아라.

한계를
뛰어 넘어라

어른이 된다는 것은
이제 네 마음대로
하고 싶은 대로
살아서는 안 된다는 뜻이야.

◆

세상을 보고
무수한 장애물을 넘어
벽을 허물고
더 가까이 다가가
서로를 알아가고 느끼는 것.
그것이 바로
우리가 살아가는 인생의 목적이다.
_〈월터의 상상은 현실이 된다〉

힘들 때는 홀로 생각의 시간을 가져라

무엇을 하든 시작에 앞서 가슴에서 풀리지 않는 것들에 대해 항상
인내하라. 또 잠겨 있는 방이나 어려운 외국어로 된 책을 대하듯이
문제 그 자체를 사랑하라. 지금 당장 해답을 얻고자 서두르지 말
라. 문제에 대한 해답은 문제와 함께 주어지지 않기 때문이다.
따라서 문제를 해결하는 가장 좋은 방법은 모든 문제들과 함께 숨
쉬는 것이다. 지금 당장 그대 앞에 닥친 문제들과 함께 숨 쉬어라.
그러면 언젠가 자신도 모르는 사이에 문제의 답이 그대에게 주어
져 있음을 깨닫게 될 것이다. 항상 시작하는 자세로, 시작하는 사
람으로 살아가라.

_라이너 마리아 릴케

◆

햄릿이 '사느냐 죽느냐, 그것이 문제로다.
To be or not to be, that is the question.' 라고 말했다.
삶의 벼랑 끝에 서있다고 느낄 때에는 무슨 일이 벌어질 것인가를
두려워하지 말고 하던 일을 그대로 놓아두고 일에서 잠시 떠나있
는 것이 좋다.
가시가 살 속에 박히면 아프듯이 힘든 상태에서 그대로 몰아붙이
면 상처가 전신에 퍼져 독가시가 되어 버린다.
기계도 오래 쓰면 닳거나 고장이 나듯이 사람의 몸도 마음도 청소
와 검진이 필요하다. 하던 일을 멈추고 눈앞에 풍경을 즐겨라.
그리고 홀로 생각의 시간을 가져라. 답은 내 안에 있다.

익숙해질 때까지
훈련하라

재능(talent)은 태어나면서부터
주어지는 것이지만,
그것이
진정한 기술(skill)이
되려면
훈련(training)이라는
과정이 필요하다.

◆

누구나 자신의 본능에 충실하기만 하다면,
내게 어떤 재능이 있는지,
내가 어떤 선물들을 가지고 있는지,
무엇에 열정을 품고 있고,
어디로부터 힘이 솟는지,
나는 진정 누구이고,
무엇을 바라는지,
'숨김없이 완전히'
발견할 수 있습니다.
_〈PING〉

게으름을 극복하라

What defeats man is, most of all, laziness.
if you want to succeed, you have to overcome your laziness first.
무엇보다도 인간을 패배하게 만드는 주범은 게으름이다.
성공하고 싶다면 먼저 게으름을 극복해야 한다.

_알베르 카뮈

◆

세 명의 악마가 모여서 내기를 했다.
인간 한명을 선택한 후
어떤 방법을 써서든지 그를 이겨 내자는 내기였다.
첫 번째 악마는 인간에게 실패를 주었다.
그것만큼 인간에게 패배감을 안겨 줄 수 있는 것이 없다고 생각했
다. 하지만 인간은 그것을 딛고 일어나 더 큰 실패를 이겨 냈다.
두 번째 악마는 인간에게 시련을 주었다.
그러나 악마가 시련을 주면 줄수록 인간은 그것도 극복했다.
그러자 세 번째 악마가 회심의 미소를 지으며 인간에게 다가갔다.
그는 인간에게 미루는 습관을 주었다.
그리고는 인간이 무엇을 하려고하면
조용히 다가가 부드럽게 소곤거렸다.
"괜찮아, 내일해도 돼." 악마의 꼬임에 넘어간 인간은
자신이 할 일을 차일피일 미루기 시작했고 결국 게으름이 몸에 들
어오는 것을 허용한 그 사람은 다시 일어나지 못했다.

죽을힘을 다해
오르려고 노력하라

The gull sees farthest who flies highest.
가장 높이 나는 새가 가장 멀리 본다.
_리처드 버크 〈갈매기의 꿈〉

◆

죽을 힘을
다해
오르려고 노력하면
조금 늦을지는 몰라도
반드시
오르게 된다.

죽을힘을 다해
오르려고 노력하라

모든 것을
쏟아 부어라

To be a winner, all you have to give is all you have.
승자가 되려면 가지고 있는 모든 것을 쏟아 부어라.

◆

열정은 삶을 구름 속에 있는 것처럼 가볍게 만들고,
행동은 수많은 꿈을 현실로 만든다.
투지는 수많은 역경을 이겨내는 법을 가르쳐준다.
존중은 타인의 삶도 고귀하다는 사실을 깨닫게 해준다.
겸손은 삶에 경외심을 느껴야 할 때를 배우는 것이며,
성숙은 내면의 평정을 유지하는 것을 배우는 것이다.

_수이루 〈행동의 힘〉

불가능을
가능으로 바꿔라

A minute's success pays the failure of years.
단 1분의 성공이 몇 년의 실패를 보상한다.

_로버트 브라우닝

◆

불타오르는 소망이 진가를 발휘할 때
승리는 이미 당신의 것이다.
패배를 생각할 필요는 없다.
진정으로 원하는 마음을 갖고 노력한다면
불가능을 가능으로 바꾸는 것은
어렵지 않다.
자기 자신이 인정하지 않는 한
이 세상에 불가능이란 없다.

_〈놓치고 싶지 않은 나의 꿈 나의 인생〉

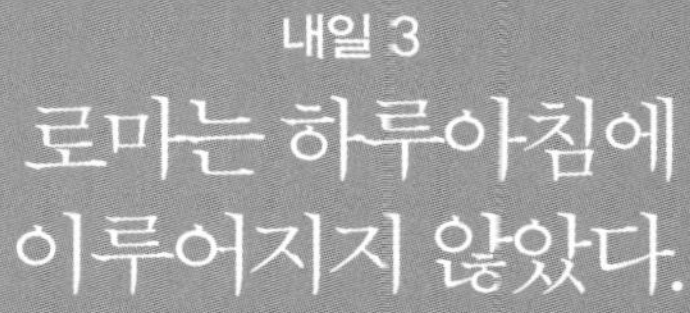

내일 3

로마는 하루아침에
이루어지지 않았다.

Rome was not built in a day.

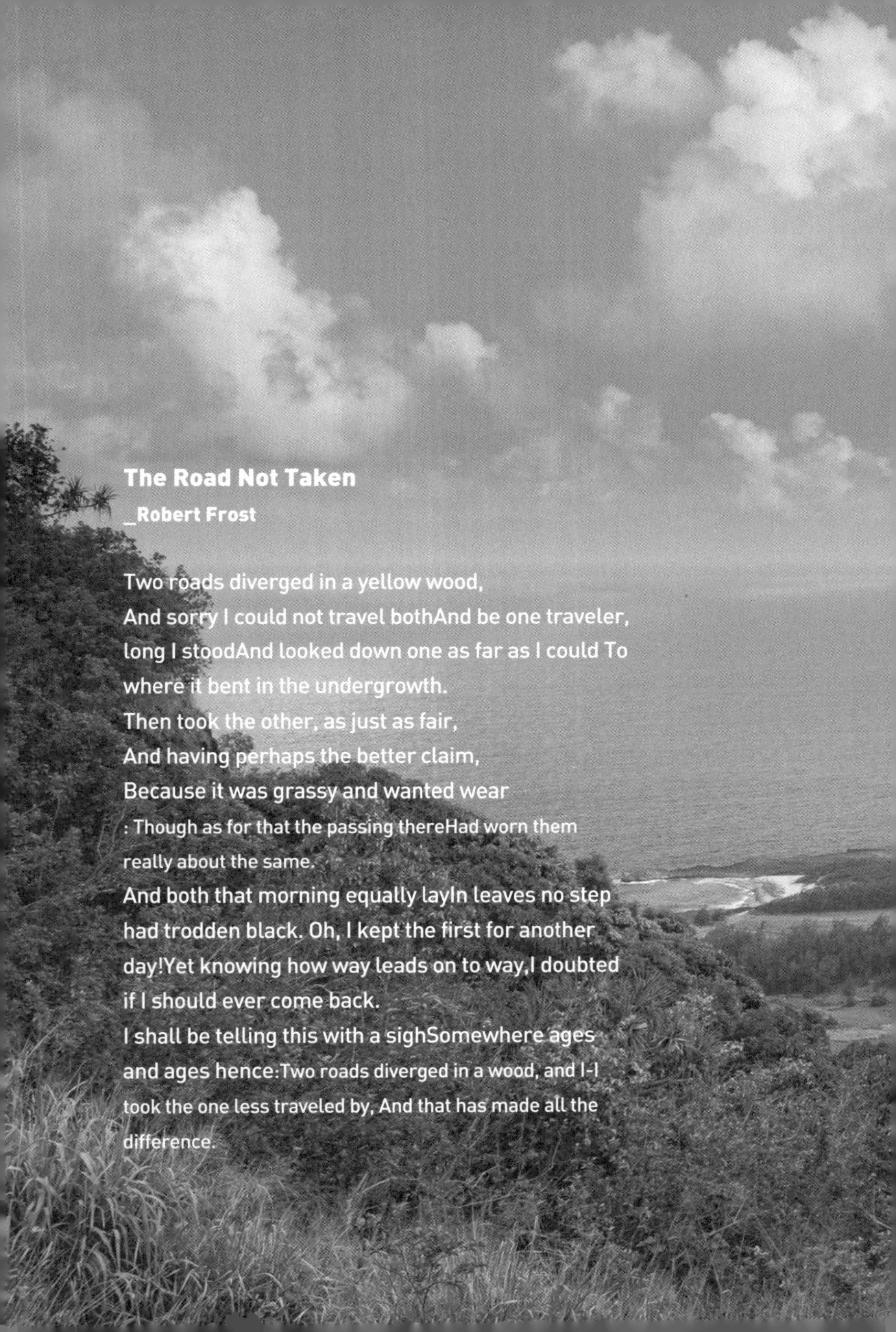

The Road Not Taken

_Robert Frost

Two roads diverged in a yellow wood,

And sorry I could not travel bothAnd be one traveler,

long I stoodAnd looked down one as far as I could To

where it bent in the undergrowth.

Then took the other, as just as fair,

And having perhaps the better claim,

Because it was grassy and wanted wear

: Though as for that the passing thereHad worn them

really about the same.

And both that morning equally layIn leaves no step

had trodden black. Oh, I kept the first for another

day!Yet knowing how way leads on to way,I doubted

if I should ever come back.

I shall be telling this with a sighSomewhere ages

and ages hence:Two roads diverged in a wood, and I-I

took the one less traveled by, And that has made all the

difference.

가지 않은 길
_ 프로스트

노란 숲 속에 길이 두 갈래로 났었습니다.
나는 두 길을 다 가지 못하는 것을 안타깝게 생각하면서,
오랫동안 서서 한 길이 굽어 꺾여 내려간 데까지,
바라다볼 수 있는 데까지 멀리 바라다보았습니다.
그리고, 똑같이 아름다운 다른 길을 택했습니다.
그 길에는 풀이 더 있고 사람이 걸은 자취가 적어,
아마 더 걸어야 될 길이라고 나는 생각했었던 게지요.
그 길을 걸으므로, 그 길도 거의 같아질 것이지만.
그 날 아침 두 길에는
낙엽을 밟은 자취는 없었습니다.
아, 나는 다음 날을 위하여 한 길은 남겨 두었습니다.
길은 길에 연하여 끝없으므로
내가 다시 돌아올 것을 의심하면서…….

훗날에 훗날에 나는 어디선가
한숨을 쉬며 이야기할 것입니다.
숲 속에 두 갈래 길이 있었다고,
나는 사람이 적게 간 길을 택하였다고,
그리고 그것 때문에 모든 것이 달라졌다고.

방향을
찾아라

성공의 시작은
내가 가야할 곳을 찾는 것이 첫 번째 할일이다.
방향을 찾아 게임처럼 가야 많이 웃고 즐길 수 있다.
살면서 자신의 길 대로 찾아 가는 사람은 많지 않다.
자신의 길이 아닌 다른 사람의 길로 들어가 한참을 돌아 나온다.
경부선을 타야하는데 전라선을 탄 것과 같다.
출발을 정확히 해야 마음 편히 갈 수 있다.

무엇을 하든 나의 것이 있고 남의 것이 분명 있다.
내 것을 찾아야 지치지도 않고 장애물도 덜 만나게 된다.
정확한 목적지를 향해
방향키를 제대로 맞춰 마음의 근육을 키워가야 한다.
항상 내가 무엇을 위해 살고 있는지,
왜 살고 있는지를 스스로에게 질문을 하며
가야 목적지에 정확하게 도착한다.
분수에 맞지 않은 것을 탐하여 아프게 하지 말아야 한다.
남의 시선을 생각하지 말고 내 마음이 이끄는 곳,
내 마음이 머무는 곳에 편안히 정착해야 성공한 것이다.

한 발짝은
그 자체로서 가치를 느껴라

한 걸음씩 천천히 걸어도
목적지에 닿을 수 있다고 생각하지 말라.
한 발짝은 그 자체로서 가치를 느껴라.
커다란 성과는
조그마한 가치가 모여 이루어지는 거다.
알찬 성과를 얻으려면
한 걸음, 두 걸음 힘차고 충실하게 걸어라.

_알리기에리 단테

◆

함께 출발해도
세월이 지난 뒤에 보면
어떤 사람은 앞서가고
어떤 사람은 뒤떨어져 있다.
이것은
하루하루 주어진 시간을
누가 더 잘 이용했느냐
헛되이 보냈느냐에 달려있다.

_벤자민 프랭클린

나에게
귀를 기울여라

폭풍의 들판에도 꽃이 피고,
지진 난 땅에도 샘이 있고,
초토 속에서도 풀은 솟아난다.
이 같이 자연은 사랑과 생명에 가득 차 있다.
우리는 어떠한 슬픈 순간에도 쓰러지지 말고,
사랑과 생명의 속삭임에 귀를 기울여야 한다.

_바이런

◆

슬픔이 한 번도 본 적 없는 거대한 모습으로
눈앞을 가로막더라도 놀라지 마세요.
그리고 믿어야 해요.
삶이 당신을 잊지 않았다는 것을.
당신의 손을 꼭 잡고 있다는 것을.
그리고 결코 그 손을 놓지 않으리라는 것을.

_마이너 마리아 릴케

생각을 행동으로
실천하라

The great successful men
of the world have used their imaginations.
세상에서 가장 성공한 사람은 상상력을 잘 활용한다.
_로버트 콜리어

◆

미국의 42대 대통령이었던 빌 클린턴.

그가 대통령의 꿈을 갖기 시작한 것은 고등학교 시절 존 F. 케네디를 만난 이후였다.

미국에는 전국에서 뽑힌 우수 학생들에게 대통령 표창장을 수여하는 제도가 있는데 빌 클린턴은 바로 이 자리에서 존 F. 케네디를 만나게 되었고 그때부터 그와 같은 대통령이 되겠다고 마음을 먹었던 것이다.

클린턴은 날마다 케네디 대통령의 기사를 챙겨 읽기 시작했고 그의 행동까지 따라했다. 주위의 시선이나 편견은 아무 걸림돌이 되지 않았다. 소년 클린턴에게는 오직 도전하고 싶은 열망과 행동으로 옮기는 실천만 있을 뿐이었다.

그 결과, 그는 케네디처럼 40대의 나이에 대통령이 되었고, 재산에도 성공하는 영광을 누렸다.

당신이 이루고 싶은 것이 있다면 목표를 세우고 꿈을 꾸며 실천하는 것이 중요하다.

성공은
개척하는 자의 것이다

People fail forward to success. (Mary Kay Ash) play
실패하는 것은 곧 성공으로 한 발짝 더 나아가는 것이다.

_카를레스 푸욜

◆

타오르는 소망을 가지고 있는 한 누구나
새롭게 자기의 인생을 개척해 나갈 수 있다.
또 노력의 방향이 잘못되어 있지 않는 한,
괴로운 시기가 길면 길수록
성공은 가까워지고 있는 것이다.
그런데 성공을 눈앞에 두고
중도에 포기하는 사람이 많다. 그들은
이름도 모르는 사람들에게
승리를 넘겨주고 마는 것이다.

_〈놓치고 싶지 않은 나의 꿈 나의 인생〉

1인치씩
정확히 앞으로 나아가라

If you don't walk today, you will have to run tomorrow.
오늘 걷지 않으면 내일은 뛰어야 한다.
_C. 푸율

◆

1인치씩 정확히 앞으로 나아가라
인생이나 풋볼이나
1인치씩 앞으로 가는 것일 뿐이다.
1인치에 얼마나 최선을 하느냐에 따라
승리와 패배가 갈라진다.
승리와 패배의 차이는
결국 1인치의 차이이다.
우리는 그 1인치를 위해 달릴 뿐이다.

_영화 〈Any Given Sunday 〉

잘못된 선택은
과감히 이별하라

당신의 선택이 잘못이었다고 느끼는 순간과
감히 작별을 고하고 뒤돌아설 줄 아는 용기를 내라.
그러면 삶이 새로운 만남으로
당신의 아픔을 보상해줄 것이다.
_〈마법의 순간〉

◆

신은 인간에게
태어남과 죽음에 대해
선택권을 허락하지 않았지만
그 밖의 것에는
얼마든지 선택할 수 있는 자유를 주었습니다.
그러나 선택을 할 때에는
'얼음(ice)처럼 냉정하라' 는 뜻에서
Choice 안에 ice를 심어두었습니다.
생각은 깊게, 결정은 냉정하게.

너 자신이 되도록
힘쓰라

만일 너 자신을 남과 비교한다면
너는 무의미하고 괴로운 인생을 살 것이다.
세상에는 너보다 낫고 너보다 못한 사람들이
언제나 있기 마련이니까.
네가 세운 계획뿐만 아니라
네가 성취한 것에 대해서도 기뻐하라.
네가 하는 일이 아무리 보잘것없는 것일지라도
그 일에 열정을 쏟으라.
변화하는 시간의 흐름 속에서
그것이 진정한 재산이므로.
세상의 속임수에 조심하되
그것이 너를 장님으로 만들어
무엇이 덕인가를 못 보게 하지는 말라.
많은 사람들이 높은 이상을 위해 노력하고 있고
모든 곳에서 삶은 영웅주의로 가득하다.
하지만 너는 너 자신이 되도록 힘쓰라.
특히 사랑을 꾸미지 말고
사랑에 냉소적이지도 말라.
왜냐하면 모든 무미건조하고 덧없는 것들 속에서
사랑은 풀잎처럼 영원한 것이니까.

_네루다

익숙해질 때까지 배우고 또 배워라

사나운 짐승은 길들이기 쉬워도
사람의 마음은 항복받기 어렵고,
깊은 골짜기는 채우기 쉬워도
사람의 마음은 채우기 어렵다.

_채근담

◆

세상에서 가장 현명한 사람은
모든 사람으로 부터 배우는 사람이고,
세상에서 가장 사랑 받는 사람은
모든 사람을 칭찬하는 사람이고,
세상에서 가장 강한 사람은
자신의 감정을 조절할 줄 아는 사람이고,
세상에서 가장 행복한 사람은
사람의 마음을 얻는 사람입니다.
바른 생각, 바른 행동을 하면
반드시 마음을 움직입니다.
진심은 진심으로만 통하니까요.

성공과 실패의 차이는 1% 임을 명심하라

Why be a man when you can be a success?
성공한 사람이 될 수 있는데 왜 평범한 이에 머무르려 하는가?

_베르톨트 브레히트

◆

치열하게 또는 우두커니 보낸 하루가 모여 나의 역사가 된다.
시간에 맡겨 수동적으로 살기보다는
팔팔 뛰며 강을 거슬러
고향으로 돌아가는 강인한 연어처럼 살아야 한다.
물론 하루하루 열심히 살아도 내일 당장 다른 사람이 되지 않는다.
그러나 분명 5년 뒤, 10년 뒤에서 다른 나로 우뚝 서 있을 거다.
10년 후의 내 모습을 그려보며
순간순간을 소중히 여기며 정성을 다해 살면 된다.
분명 5년, 10년이라는 세월이 지났을 때
아름다운 내 모습을 만날 수 있다.
성공의 조건에는 믿음, 도전, 불굴의 의지 그리고 성실함이다.
짧은 기간에 좋은 결과가 있을 수는 없다.
성공에 있어 '시계' 도 중요하지만
가장 중요한 것은 방향을 알려주는 '나침반' 이다.
성공한 사람에게는 반드시 이유가 있다.
성공과 실패의 차이는 분명 1% 라는 사실을 잊지 마라.

살아가는 것은
매순간 태어나는 것이다

To freely bloom - that is my definition of success.
자유롭게 피어나기. 이것이 내가 내린 성공의 정의다.

_게리 스펜스

◆

삶의 목적은
완전하게 태어나는 데 있다.
살아가는 것은
매순간 태어나는 것이다.

_에리히 프롬

살아가는 것은
매순간 태어나는 것이다

성공은 갑자기 쏟아지는
소나기가 아니다

You always pass failure on the way to success.
성공하기까지는 항상 실패를 거친다.

_미키 루니

◆

성공은 갑자기 쏟아지는 소나기가 아니다.
스스로 노력하지 않고는 아무것도 이루어지지 않는다.
세상에서 가장 어리석은 사람은
내가 원하는 세상으로 바뀌기를 기다리는 사람이다.
나 먼저 바뀌지 않고는
내가 원하는 방향으로 세상은 오지 않는다.
세상을 바꾸는 힘,
용기는 나에게서 부터 시작된다.
바뀐 세상 속에 살고 싶다면
나의 생각, 행동을 조금씩 바꿔라.
하루, 이틀, 사흘, 1년, 3년, 5년을 꾸준히 노력한다면
10년 후 쯤에는
어제와 전혀 다른 멋진 내가 웃고 있을 거다.

교육의 목적은
인간을 만드는 데 있다

교육의 목적은
기계를 만드는 것이 아니라
인간을 만드는 데 있다.

_루소

◆

진정한 스승이란
당신 내면에 존재하는
스승을 찾아낼 수 있도록
도와주는 사람이다.

_틱낫한

온전히 비워야
새것으로 채울 수 있다

삶은 발견의 과정이 아니라 창조의 과정이다.
너희는 자신을 발견하고 있는 게 아니라
자신을 새롭게 창조하고 있는 것이다.
그러므로 '자신이 누구인지 찾으려 애쓰지 말고
자신이 어떤 존재가 되고 싶은지 판단하라.'
_〈신과 나눈 이야기〉

◆

삶을 진정한 내 것으로
온전히 창조하려면 비워야 한다.
비워야만 새것으로 채울 수 있다.
그것이 바로 창조의 첫 출발이다.

마음의
주인이 되라

It takes time for a tree to bear fruit.

It is wrong to be impatient in obtaining the fruit of your life.

나무 열매도 맺히는 데에 시간이 걸린다.

하물며 기다리지도 않고 인생의 열매를 얻기 위해

조급하게 구는 것은 잘못이다.

_에픽테토스

◆

바닷가의 조약돌을

그토록 둥글고 예쁘게 만든 것은

무쇠로 된 정이 아니라, 부드럽게 쓰다듬는 물결이다.

그 어떤 것이라도 단 한 번에 이루어지지 않는다.

당신이 무화과 하나를 원한다고 나에게 말하면

나는 이렇게 대답할 것이다.

그 역시 시간이 필요하다고.

먼저 꽃을 피우도록 기다리라고.

열매를 맺고

그것이 마침내 익을 때까지 시간을 주라고.

_〈인생 수업〉

성공은 치열하게
'견뎌 이겨내는' 자의 몫이다

우리에게 지워진 운명적 굴레는 어느 순간 극복하는 것이 아니다.
견뎌내는 것이다. 꼭 하루씩만 살아내자.
그러기 위해 반드시 외워야 할 주문이 있다.
독실한 신도가 몸을 접듯 간절하게
스스로를 위로하며 되뇌어야 하는 주문이 있다.
아모르파티! 네 운명을 사랑하라.

_〈천 번을 흔들려야 어른이 된다〉

◆

괴테가 쓴 〈파우스트〉에 보면
"For while man strives he errs.
(인간은 노력하는 한 실수하게 되어 있다)" 고 했다.

성공은 평지에 한꺼번에 쏟아지는 소나기가 아니다.
한 방울의 물이 모여 개울물이 되고
개울물이 흘러 강물이 되고
강물이 흘러 큰 바다를 이루듯

좋은 생각, 좋은 습관이 모이고 쌓여 성공을 안겨준다.

성공은 '선택받은' 사람의 몫이 아니라
치열하게 '견뎌 이겨내는' 자의 몫이다.

다시 한 번 해보라

죽을 만큼 힘들 때에는 앞으로 아무것도
달라지거나 나아지지 않을 것처럼 보인다.

가능성이 1% 미만이라 여겨 질 때가 있다.
이런 막막함에 빠져 있으면 새롭게 변화할 계획을 세우고
실천할 마음까지 사라진다.
죽을 만큼 힘들더라도 마지막 삶을 끈을 붙잡고 일어나야 한다.
곰곰이 지나온 길을 돌아보라.
너무 좋아 해맑게 웃던 때도 있었고
너무 힘들어 주저앉아 울던 때도 있었다.
그럼에도 불구하고 힘든 때를
잘 견뎌 내며 이겨 왔기에 현재의 내가 있지 않던가.

너무 힘들어 시간이 약이다고 버틴 때도 있겠지만
더 나은 삶을 위해 충분히 노력했기 때문에 살고 있는 것이다.
최악의 순간을 생각하며 마지막 힘을 내라.
그러면 새로운 운명이 너의 손을 잡아 일으켜 세워 줄 것이니.

_파스칼

◆

승자가 즐겨 쓰는 말은 '다시 한 번 해보자' 이고
패자가 즐겨 쓰는 말은 '해봐야 소용이 없다' 이다.

_탈무드

이기는 법을 배워라

To be a good loser is to learn how to win.
훌륭한 패자가 되는 것은 이기는 방법을 배우는 것이다.
_칼 샌드버그

◆

나를 이기지 못하면
남도 이길 수 없다.
어떤 일이든
필요 없는 경험은 없다.
실패를 많이 할수록
시련을 많이 이겨낼수록
삶은 단단해지고 지혜로워진다.
3%의 소금이
바닷물을 썩지 않게 하듯,
3% 꿋꿋한 욕망이
나를 살게 한다.

항상 성공을
생각하라

Successful people tend to become more successful
because they are always thinking about their successes.
성공한 사람은 더욱 더 성공하는 경향이 있다.
항상 성공을 생각하기 때문이다.
_Brian Tracy 브라이언 트레이시

◆

행동이라고 하는 씨를 뿌려라.
그러면 습관을 수확할 수 있을 것이다.
습관이라고 하는 씨를 뿌려라.
그러면 인격을 수확할 수 있을 것이다.
인격이라고 하는 씨를 뿌려라.
그러면 운명을 수확할 수 있을 것이다.

_로버트 슐리

끝이 좋으면
실패했던 순간도 아름답게 빛난다

빵을 굽는 데도 우선 밀가루를 반죽하고,
다음에 아궁이에 불을 지피고, 손을 올려놓는 등,
하나에서 둘로, 필연적으로 해 나가는 순서가 있다.
이 순서가 틀리든가 하나라도 빠지면
결코 좋은 빵이 구워지지 않는다.
이와 마찬가지로 인생 필수의 일을 수행하는 데도
일정한 순서를 밝음으로써
비로소 참된, 좋은 생애를 보낼 수 있는 것이다.

_톨스토이

◆

어떤 사람도 삶의 굴곡은 있다.
오르막과 내리막, 추락까지를 겪어내야
치열하게 살았다고 할 수 있다.

삶의 캔버스에 실패의 흔적이 한두 근데 있다고
불행한 삶이라고 단정 짓지 마라.

끝이 좋으면 실패했던 순간이 더 아름답게 빛난다.
실패가 성공의 바탕이었음을 느끼게 된다.
훗날 내가 꿈꾸었던 삶보다
훨씬 더 멋진 삶을 살았다는 것을 깨갇는다.

탓하지
마라

집안이 나쁘다고 탓하지 마라.
나는 아홉 살에 아버지를 잃고 마을에서 쫓겨났다.
가난하다고 말하지 마라.
나는 들쥐를 잡아먹으며 연명했고
목숨을 건 전쟁이 내 직업이고 내 일이었다.
작은 나라에서 태어났다고 말하지 마라.
그림자 말고는 친구도 없고 병사로만 10만 백성은 어린애,
노인까지 합쳐 200만도 되지 않았다.
배운 게 없다고 탓하지 마라.
나는 내 이름도 쓸 줄 몰랐으나
남의 말에 귀 기울이면서 현명해지는 법을 배웠다.
너무 막막하다고,
그래서 포기해야겠다고 말하지 마라.
나는 목에 칼을 쓰고도 탈출했고
뺨에 화살을 맞고 죽었다 살아나기도 했다.
적은 밖에 있는 것이 아니라 내 안에 있었다.
나는 내게 거추장스러운 것을 깡그리 쓸어 버렸다.
나를 극복하는 순간 나는 징기스칸이 되었다.

_징기스칸

늘
희망하라

Men are born to succeed, not fail.
사람은 실패가 아니라 성공하기 위해 태어난다.

_헨리 데이비드 소로우

◆

희망을 의심하면
성공할 확률을 낮추는 것이다.
행동은
샘솟는 희망에서 비롯된다.
두려움과 용기는
번개와 천둥처럼 언제나 함께 온다.
다만 두려움이 먼저 올 뿐이다.

_수이루

두 가지 큰 죄

사람에게는
두 가지 큰 죄가 있으며,
다른 죄는
모두 이 두 가지 죄에서 나오는 것이다.

이 두 가지란
성급함과 게으름이다.

사람은 성급했기 때문에 에덴에서 쫓겨났고,
게으르기 때문에 되돌아가지 못하고 있다.

그러나 어쩌면,
사람의 큰 죄는 성급함 하나뿐인지도 모른다.
사람은 성급한 까닭에 추방되었고,
성급한 까닭에 복귀할 수 없는 것이다.

_카프카

기죽지 마라

누군가가
당신의 가치를 평가 절하하더라도 기죽을 필요 없다.
그 사람들에게는
당신의 미래를 내다볼 능력이 없다.
과거 또는 현재의 모습만으로
한 사람의 미래까지 넘겨짚을 수는 없다.
세상에는 천부적인 재능을 타고난
보통사람들이 셀 수 없이 많고
천재도
길을 걷다가 차이는 돌멩이만큼 많다.
중요한 것은
아무리 천부적인 재능을 타고났더라도
이를 악물고 노력하지 않으면
이룰 수 없다는 사실이다.

_〈행동의 힘〉

승자와 패자의 차이

Opportunity does not send letters of introduction.
기회는 자기 소개서를 보내지 않는다.
_작가 미상

◆

승자는 행동으로 말을 증명하고,
패자는 말로 행위를 변명한다.
승자는 넘어지면 일어나 앞을 보고,
패자는 넘어지면 일어나 뒤를 본다.
승자는 열심히 일하고 열심히 놀고 열심히 쉰다.
패자는 허겁지겁 일하고 빈둥빈둥 놀고 흐지부지 쉰다.
승자는 시간을 관리하며 살고,
패자는 시간에 끌려 산다.
승자는 구름 위의 태양을 보고,
패자는 구름 속의 비를 본다.
승자는 눈을 밟아 길을 만든다.
패자는 눈이 녹기를 기다린다.
승자의 주머니 속에는 꿈이 있고,
패자의 주머니 속에는 욕심이 있다.

_시드니 J. 해리스

나를 먼저 생각하라

성공한 사람들은 다음 3가지를 갖추고 있다.
첫째, 과거에 감사하고,
둘째, 미래의 꿈을 꾸고,
셋째, 현재를 설레며 산다.
_〈내일을 바꾸는 3분 습관〉

◆

인생에서는 뜻하지 않은 일이
결정적인 계기가 되기도 한다.
그러나 돌이켜보면
그 모든 것 또한
나를 위해 준비되어 있었던 것인지도 모른다.
_존 고든

세 가지의 의미

과거, 현재, 미래의
세 가지 시간이 있다고 하는 것은 타당치 못하다.

더욱 정확하게 말한다면
과거의 것의 현재,
현재의 것의 현재,
미래의 것의 현재라는
세 가지 시간이 있다고 보아야 한다.

우리 정신에는
이 세 가지가 존재하며,
다른 어떤 곳에서도
나는 그것을 보지 못하는 까닭이다.

과거의 것의 현재는 기억이며,
현재의 것의 현재는 직관이며,
미래의 것의 현재는 예기인 것이다.
_아우구스티누스

때를 놓치지 마라

잘난 사람은
다른 사람이 아니라
자기가 할 수 있는 일을 한 사람이다.

그런데 평범한 사람들은
할 수 있는 일은 하지 않고
할 수 없는 일만 바라고 있다.

내가 할 수 있는 일은
때를 놓치지 말고 하라.
그것으로
사람은 충분한 것이다.

인생의 불행은
자기가 할 수 있는 일을 하지 않는 데 있다.

_로맹 롤랑

시간은 누구도
기다리지 않는다

시간이 언제나 당신을 기다리고 있다고 생각지 마라.
게을리 걸어도 결국 목적지에 도달할 날이 있을 것이라는
생각은 잘못이다.

하루하루 전력을 다하지 않고는
그날의 보람이 없을 것이며,
동시에 최후의 목표에 능히 도달하지 못할 것이다.

의의 있는 일에 복종하는 것이 인간의 지혜이다.
그것을 방해하는 것을 정복해 나가는 것이 생활이다.

정복 없이는 생활의 내용을 얻지 못한다.
생활을 나의 것으로 하려면 정복이 필요하다.
하루가 우리에게는 정복의 노력으로 빛나야 한다.
_괴테

늘
희망하라

신념이 있으면 언제나 젊고,
의심이 있으면 늙는다.
자신을 가지고 있으면 젊고,
두려움을 가지고 있으면 늙는다.
희망을 품으면 젊고,
절망을 품으면 늙는다.

모든 사람의 마음 한가운데는
녹음실이 있는데,
이 녹음실에
아름다움과 희망과
용기와 자신감의 말이
가득 차 있으면
우리는 젊을 수 있다.

하지만 전선이 다 끊어지고
가슴에 절망과 회의의 목소리가 뒤덮일 때,
오직 그때서야 비로소 당신은 늙게 된다.

_더글러스 맥아더

인생의 성공은
마음의 준비가 모든 것이다

성공하느냐, 성공하지 못하느냐는
전적으로 마음의 자세에 달려 있다.
그것은 결코 타고난 능력이 아니다.

마음의 준비는 아무리 큰돈으로도 살 수 없는 것이며,
그렇다고 팔 수도 없는 것이다.
마음의 준비는 당신의 염원을 이루어지게 하는
문의 열쇠가 될 수도 있으며,
그 문을 잠가 버리는 자물쇠가 되기도 한다.

인생의 성공은 마음의 준비가 모든 것이다.
인생의 성공이란 다른 누군가를 위하여
자신의 모든 것을 바칠 수 있는 것이다.

인생의 성공이란
자신이 자기 자신임을 진실로 기뻐하는 것이다.
인생의 성공이란
오랫동안 형성되어 온 꾸준한 습관의 결과이다.
인생의 성공이란
모든 다른 사람을 형제자매처럼 대하는 것이다.

_대니스 휘틀리

진심으로
슬퍼하고 울어라

고통과 슬픔이 갑자기 찾아왔을 때,
단지 슬픔 곁에 앉으라.
슬프면 자신이 그 슬픔을 느끼게 하라.
분노와 실망에게도 이같이 하라.
하루 종일 울어야 한다면 그렇게 하라.
상처를 억누르거나
또는 표현할 정도로 충분히 아물지도 않았는데
인위적으로 꺼내려고 하는 것만 피하면 된다.
여기서 얻어야 할 것은
고통을 느끼고 난 후 찾아오는 해방감을 느끼는 것이다.

_〈상실수업〉

무슨 일에든 바닥이 있다

아픈 과거는 그만 날려버려.
제일 중요한 건 과거도 미래도 아닌,
바로 지금 이 순간이야.

◆

잊으려고 하지 말아라.
생각을 많이 하렴.
아픈 일일수록 그렇게 해야 해.
생각하지 않으려고 하면 잊을 수도 없지.
무슨 일에든 바닥이 있지 않겠니.
언젠가는 발이 거기에 닿겠지.
그때, 탁 차고 솟아오르는 거야.

_〈기차는 7시에 떠나네〉

살아 있음에 감사하라

세상은 결코 녹록치 않습니다.
우뚝 솟은 산을 넘어야 할 때도 있고
어둠의 끝이 보이지 않는 터널도 만납니다.
하지만 산을 넘으면 꽃이 만발한 들판이 나오고 터널 끝엔
반드시 눈부신 햇살이 기다리고 있다는 걸 알기에
세상은 살아볼 만한 것입니다.
하루 세 끼 밥을 먹을 수 있고, 가벼운 수다와 함께 사랑하는 이들
과 웃을 수 있다는 건 정말 행복한 일입니다.
내가 살아 있음에 감사해야 할 까닭입니다.

_조정민

◆

꽃으로 정원을 헤아려라.
떨어져 버린 잎새로 헤아리지 말고.
황금의 시간으로 당신의 인생을 헤아려라.
구름 낀 나날들은 기억하지 말고. 별들로 밤을 헤아려라.
하늘을 뒤덮은 먹구름으로 헤아리지 말고.
미소를 지으며 인생을 헤아려라.
흘린 눈물로 헤아리지 말고. 생일을 맞이할 때마다
친구와 비교하여 네 나이를 헤아려라.
결코 살아온 햇수로 헤아리지 말고.

_이탈리아 격언

remember

Remember that your presence is a present to the world.

Remember that you are a unique and unrepeatable creation.

Remember that your life can be what you want it be.

Remember to count your blessings, not your troubles.

Remember that you'll make it through whatever comes along.

Remember that most of the answers you need are within you.

당신의 존재는 세상에 선물이라는 것을 기억하라.

당신은 유일하며 되풀이 될 수 없는 존재임을 기억하라.

당신의 삶은 당신이 원하는 대로 될 수 있다는 것을 기억하라.

당신의 걱정거리 말고, 당신의 축복을 세는 것을 잊지 마라.

어떤 일이 닥쳐오더라도 당신은 헤쳐나 갈수 있다는 것을 기억하라.

대부분의 당신이 원하는 답은 당신 안에 있다는 것을 기억하라.

_필러

내일 4
행복은
간이역에서 만난다.

Come to the garden in Spring

by Jalrudin Rumi

There's wine and sweethearts
In the pomegranate blossoms
If you come, these will not matter.
If you do not come, these will not matter.

봄의 정원으로 오라
이곳에 꽃과 술과 촛불이 있으니
만일 당신이 오지 않는다면
이것들이 무슨 의미가 있는가.
그리고 만일 당신이 온다면
이것들이 또한 무슨 의미가 있는가.
_잘랄루딘 루미

웃는 일을
만들어라

We don't laugh because we're happy,
we're happy because we laugh.
우리는 행복해서 웃는 것이 아니라,
웃어서 행복한 것이다.

◆

행복이란
이미 만들어져
준비되어 있는 것이 아니라,
당신의
행동으로부터
만들어 지는 것이다.
_달라이라마

행복해질
조건

No human being can really uncerstand another,
and no one can arrange another's happiness.
사람은 아무도 다른 사람을 정말로 이해할 수 없고
아무도 다른 사람의 행복을 만들어 줄 수 없다.

_그레이엄 그린

◆

행복해질 조건은 오늘에 충실하그
삶의 목적을 가장 먼저 '나'에게 두면 된다.
그리고 분수에 맞지 않게 욕심 부리지 마라.
고통스러운 기억을 불러일으키는 대상이 있다면 결별하라.
아름다우면서도 동시에 편안하게 만드는 기억을 되새겨라.
나를 돌보는데 더 많은 시간을 투자하라.
가고 싶은 곳, 읽고 싶은 책, 하고 싶은 일을 할 시간을 만들라.
먹고 입고 자는 것에 있어 욕심을 버리고 가난해져라.
어차피 죽을 때는 가장 가난하고 가장 낮은 곳으로 돌아간다.
지극히 단순해져라. 고마운 것에는 '고맙다' 고.
미안할 때에는 '미안하다' 고 바로 말하라.
삶의 목적을 나에게 두라.

무엇을 하든 취하라

천국에 들어가려면 두 가지 질문에 답해야 한다는군.
하나는 인생에서 기쁨을 찾았는가?
다른 하나는 당신의 인생이
다른 사람들을 기쁘게 해주었는가 라네.

_영화 〈버킷리스트〉

◆

취하라.
항상 취해 있어야 한다.
모든 게 거기에 있다.
그것이 유일한 문제다.
당신의 어깨를 무너지게 하여
당신을 땅 쪽으로 꼬부라지게 하는가
가증스러운 '시간' 의 무게를 느끼지 않기 위해서
당신은 쉴 새 없이 취해 있어야 한다.
그러나 무엇에 취한다
술이든, 시든, 덕이든,
그 어느 것이든 당신 마음대로다.
그러나 어쨌든 취해라.

_미생

한 번 흘러가면 다시는 돌아오지 않는다

Nature never deceives us; it is always we who deceive ourselves.
자연은 인간을 결코 속이지 않는다.
우리를 속이는 것은 항상 우리 자신이다.

◆

방랑의 길에서

슬퍼하지 마라, 곧 밤이 오리라.
그러면 우리들은 파리해진 산 위에서
몰래 웃음 짓는 것 같은 시원스런 달을 보리라.
그러면 손을 잡고 쉬자.
슬퍼하지 마라, 곧 때가 오리라.
그러면 우리는 쉬리라, 우리들의 십자가가
밝은 길가에 나란히 설 것이다.
그리고 비가 내리고, 눈이 오고 바람이 불 것이다.

_헤르만 헤세

◆

강을 보라. 모조리 흘러간다. 지금은 여기에 있어도 다음 순간이면
멈추지 않고 흘러가 버린다. 사람도 강과 같다. 세상일도 마찬가지
다. 한 번 흘러가면 다시는 돌아오지 않는다.

자존감을 키워라

난 음악을 믿는다.
어떤 이들이 동화를 믿는 것처럼.

◆

행복의 기초가 되는 것은 자존(自尊)이다.
자존(自尊)을 영어로 표현한다면
"Self-respect"
스스로를 사랑하고
귀하게 여기며 존경한다는 의미가 된다.
자존감이 높은 사람일수록
자신이 하는 일을 사랑한다.
행복해지고 싶거든 먼저 자존감을 키워라.

살아갈 이유를 찾아라

당신 자신이 누구인지,
무엇을 원하는지 잘 알게 될수록,
당신을 힘들게 하고
혼란시키는 것들이 줄어들 것이다.
_영화 〈사랑도 통역이 되나요?〉

◆

사연 없는 사람 없고
상처 없는 사람 없다.
누구도 대신 살아줄 수 없다.
오직 나를 믿고 끝까지 가야한다.
무엇을 하든 '모든' 순간을 만족할 수 없고
만나는 '모든' 사람에게 기쁨을 주지는 못한다.
그러나 가장 중요한 한 사람 '나'에게 기쁨을 주고
살아가는 '이유'가 된다면 괜찮은 삶이다.
무엇을 하든 삶의 이유를 찾아라.

늘 변화하라

88개의 유한한 건반에서
자네는 무한한 음악을 만들 수 있어.
_영화 〈피아니스트의 전설〉

◆

변화가
나를 휘두를까 봐 두려워하고,
위험을 무릅쓰다가
처절히 실패할까 봐 두려워하고,
누군가
당신이 내건 목표나 꿈을 조롱하거나
무시할까 봐 두려워하는 것.
이 세 가지가
바로 진정한 의지와 성장을
가로막는 적들입니다.
_〈PING〉

행복은 지혜로움이다

행복은 삶의 종착역에서 만나는 것이 아니라
치열하게 살아가는 과정에서 만난다.

모든 생각과 행동에 행복이 숨어 있다.

내가 찾는 네잎 클로버는 행운이지만
내가 찾은 세 잎 클로버는 행복이다.

어쩌다 한 번 마주친 행복을
놓쳤다고 후회하지 마라.
수시로 마주치는 것이 행복이다.
다만 모르고 지나칠 뿐이다.

행복은 지식이 많은 사람보다
지혜로운 사람에게 다가간다.
화려한 스펙이나 재물
그리고 권력 같은 삶의 '안전벨트'가 행복이 아니다.
더 많은 것을 채우려는 '이기심' 보다는
가진 것을 만족해하는 '지혜로움' 이 행복을 부른다.

즐기면서 살아라

가야할 때 가지 않으면 가려할 때는 갈 수가 없단다.

◆

인생을 즐길 줄 아는 사람은
지금 자신이 하고 있는 일을 가장 소중히 여긴다.
정성을 쏟은 만큼 일에 대한 만족도가 높고
행복할거란 믿음도 강하다.

행복은 주변에 있고
따뜻한 쉼은 어디에나 흐른다.
다만 눈에 띄지 않은 옷을 입고 있을 뿐,
관심을 갖고 정성껏 찾으면 보인다.

끊임없이 변화하라

용기란 두려움이 없는 상태를 말하는 것이 아닙니다.
진정한 용기란
두려움에도 '불구하고' 행동하는 것입니다.

머물 것인지 떠날 것인지,
뛰어들 것인지 관망할 것인지
결정해야 하는 순간은 누구에게나 찾아오게 마련입니다.
최선의 삶, 최상의 삶을 살기 위해서는
변화가 필연적이기 때문입니다.

그 결정의 순간을 알아차리고 해내는 것이
새로운 삶의 출발입니다.
그 선택의 순간을 포착해낼 수 있다는 것 자체가
바로 스스로 변할 준비가 있다는 뜻이기 때문입니다.
_〈PING〉

◆

사람은 누구나 다 쓰러지게 마련이란다.
그리곤 다시 일어서지.
그게 삶이야

_엘리자베스 퀴블러 로스, 데이비드 케슬러

현재에
살아라

Anything you're good at contributes to happiness.
당신이 잘 하는 일이라면 무엇이나 행복에 도움이 된다.
_러셀

◆

아저씨,
저는 행복의 비결을 발견했어요.
그건 '현재' 에 사는 거예요.
과거를 후회하거나 미래를 기대하는 것이 아니라
바로 이 순간에서 가능한 한 최대의 것을 얻는 것이에요.
대부분 사람들은 삶을 마치 경주라고 생각하는 듯해요.
목적지에 빨리 도달하려고 헉헉거리며 달리는 동안
주변에 있는 아름다운 경치는 모두 놓쳐 버리는 거예요.
그리고 경주가 끝날 때쯤엔
자기가 너무 늙었다는 것을 알게 되고,
빨리 도착한다는 건
별 의미가 없다는 것을 알게 되지요.

_진 웹스터

태양을 바라보고
살아라

태양을 바라보고 살아라.
그대의 그림자를 못 보리라.
고개를 숙이지 말라.
언제나 머리를 높이 두라.
세상을 똑바로 쳐다보라.
나는 눈과 귀와 혀를 빼앗겼지만
내 영혼을 잃지 않았기에 그 모든 것을 가진 것이나 다름없다.
고통을 느껴보지 못한 사람은
진정한 쾌락을 알 수 없다.
그대가 정말 불행할 때
세상에서 그대가 해야 할 일이 있다는 것을 믿어라.
그대가 다른 사람의 고통을 덜어줄 수 있는 한 삶은 헛되지 않으리라.

_헬렌켈러

◆

태양이 바다에 미광을 비추면 나는 너를 생각한다.

희미한 달빛이 샘물 위에 떠 있으면 나는 너를 생각한다.

_영화 〈클래식〉

함께
하라

나뭇잎에게 물어보라.
"당신은 혼자서 살 수 있나요?"
그러면 나뭇잎은 대답할 것이다.
"아니요, 나의 삶은 가지에게 달려 있습니다."
가지에게 또 물어보라.
그러면 가지는 이렇게 대답할 것이다.
"아니요, 나의 삶은 뿌리에게 달려 있습니다."
뿌리에게 그렇게 물어보라.
그러면 아마 이렇게 대답한 것이다.
"아니요, 나의 삶은 기둥 줄기, 가지들,
그리고 나뭇잎들에게 달려 있습니다.
가지에서 나뭇잎을 없애 버린다면
나는 죽게 될 것입니다."

왜 모르고 있는가?
인류도 마찬가지라는 사실을.

사람은
누구나 혼자서는 살 수 없다는 것을.

_해리 에머슨 포스딕

언제나 출발은 바로
'지금, 여기' 야

네가 꿈을 꾸지 않는 한,
꿈은 절대 시작되지 않는단다.
언제나 출발은 바로 '지금, 여기' 야.

너무 많은 사람들이
적당한 때와 적당한 곳을 기다리느라
너무 많은 시간을 허비하지.
그것에서 그치는 게 아니라,
기다리는 와중에
소망하던 마음 자체가 사라져 버리기도 한단다.

때가 무르익으면,
그럴 수 있는 조건이 갖춰지면,
주저하고 미루다보면,
어느새 현실에 파묻혀 소망을 잃어버리지.

그러므로 무언가 '되기(be)' 위해서는
반드시 지금 이 순간 무언가를 "혜야(do) 만 해"
_〈PING〉

행복은
과정(process)이란다

"행복이란 목적지(destination)가 아니야.
행복은 과정(process)이란다.
어디로 향해 있는지 알 수 없고 굴곡이 진 그런 길이지."
결국 자신이 비전속에서 보았던
그 운명을 성취했는지, 우리는 알 수 없어.

몇 분, 몇 시간, 며칠, 몇 주,
몇 달이 걸렸는지 몰라.
행복을 찾기 위해 얼마나 기다려야 한다는
정해진 룰(규칙) 따위는 없어.
시간이 중요하지도 않아.
가장 중요한 것은
행복을 기다리는 그 순간에도
행복은
늘 그 자리에서 우리를 기다리고 있다는 거야
_〈PING〉

얻으려면
미쳐라

사람은 어느 정도는 미쳐야 한다.
미치지 않으면 밧줄을 끊어버리고 자유를 얻는 일이 없다.
인간의 영혼은 육체라는 뻘 속에 갇혀 있어서 무디고 둔한 것이다.

영혼의 지각 능력이란 조잡하고 불확실한 법이다.
그래서 영혼은 아무것도 분명하고 확실하게는 예견할 수 없다.
미래라는 게 예견될 수 있는 것이라던
우리 이별은 얼마나 다른 것일 수 있었을까.
_〈그리스인 조르바〉

◆

성공으로 가는 문을 열려면
3개의 열쇠가 필요하다.

하나는
꿈.
두 번째는
자신에 대한 믿음.
마지막 하나는
불굴의 의지이다.

인생은 포기할 때
끝난다

The hardest work is to go idle.
가장 하기 힘든 일은 아무 일도 안하는 것이다.

_유대인 격언

◆

존재를 잃어버리면
가슴을 잃는 것이다.
가슴을 잃어버리면
자신을 잃는 것이다.
자신을 잃어버리면
세상을 잃는 것이다.
세상을 잃어버리면
인생을 잃는 것이다.

인생은 실패할 때 끝나는 것이 아니라
포기할 때 끝나는 것이다.

_천양희〈상실〉

두 번은 없다.
지금도 그렇고

앞으로도 그럴 것이다. 그러므로 우리는
아무런 연습 없이 태어나서
아무런 훈련 없이 죽는다.

우리가,
세상이란 이름의 학교에서
가장 바보 같은 학생일지라도
여름에도 겨울에도
낙제란 없는 법.

힘겨운 나날들,
무엇 때문에 너는
쓸데없는 불안으로 두려워하는가.
너는 존재한다
그러므로 사라질 것이다.
너는 사라진다
그러므로 아름답다.

_쉼보르스카

최선을
다하라

If you want to be happy for a year, plant a garden;
if you want to be happy for life, plant a tree.
1년간의 행복을 위해서는 정원을 가꾸고,
평생의 행복을 원한다면 나무를 심어라.

_영국 속담

◆

무엇이든
스스로를 감동시킬 만큼
최선을 다해본 사람은 안다.
행복이 무엇인지.
행복은 보이는 것이 아니라
느껴지는 것이다.
다른 사람은 몰라도 본인은 안다.
정말로 최선을 다 했는지.
결과가 무엇이든 최선을 다했노라는
사실을 깨닫는 순간 눈물이 난다.
결과가 무엇이든, 마음속에서는
만족 그리고 감동의 물결이 출렁인다.

행복의 선택권은
나에게 있다

넘어지고 깨어지더라도
다시 일어나 나를 우뚝 세워야 한다.
마음의 갈등
그 1%를 견디고 뛰어넘어야 한다.
미치도록 후회 없을 만큼
치열하게 살아야 마음이 편안해지고
행복은 낮은 곳에,
아주 작은 모습으로 존재한다는 것을 깨닫게 된다.

행복은 '넘침' 이 아니라 '적당함' 이다.
나를 행복하게 하는 보증수표는 나 자신의 힘이다.
아무리 작은 일이라도 내가 아니면 해낼 수 없고
나이기 때문에 해낼 수 있는 것이 나의 행복이다.

인생을 즐길 줄 아는 사람은
자신이 하고 있는 일을 소중히 여긴다.
정성을 쏟은 만큼에 일에 대한 만족도도 높고
행복에 대한 믿음도 강하다.

행복은 가까이에,
낮은 곳에

자기의 빵을
눈물 흘리며 먹어 보지 않은 사람,
근심으로 가득한 밤에
자기 잠자리에서 울어 보지 않은 사람은

너를 모른다. 너, 하늘의 힘을…….
_괴테

◆

"이걸 가진다면 나는 행복할거야.
이 일만 해결된다면 걱정이 없겠어." 라고 말하지만
갖고 싶은 걸 가지고 문제가 해결되고 나면
또 다른 것을 욕망하고 새로운 문제가 생기게 마련이다.
강물이 흘러가는 이유는
바다가 가장 낮은 곳에 있기 때문이다.
행복도 마찬가지다.
높은 곳에 저 멀리에 있다고 생각했던
헛된 욕망을 내려놓아야 일상에서 행복과 마주하게 된다.

신중하게
천천히 가라

The richest peach is highest on the tree.
제일 잘 익은 복숭아는 제일 높은 가지에 달려 있다.
_제임스 휘트컴 라일리

◆

오래 엎드려 있던 새는 반드시 높이 날고,
일찍 핀 꽃은 빨리 시든다.
이러한 이치를 알면
발을 헛디디는 근심을 면할 수 있으며
성급하게 일을 이루려는 생각도 사라질 것이다.
수로를 만드는 사람은
고심해서 산에서 강으로 물길을 튼다.
화살을 만드는 사람은
나무를 깎고 갈아서 화살을 곧게 만든다.
집을 짓는 사람은
목재를 자르고 짜 맞추어 견고한 형태를 완성한다.

신중하게
천천히 가라

스스로의 길을 선택하라

나는
어제 일어난 일은 생각 안 합니다.
내일 일어날 일을 자문하지도 않아요.
내게 중요한 것은
오늘, 이 순간에 일어나는 일입니다.
무슨 생각을 하시오?
혹시 당신도 저울 한 벌을 가지고 다니는 건 아니오?
모든 일을 정밀하게 달아 보는 버릇 말이오.
자, 젊은 친구, 결정하쇼.
눈 한번 질끈 감고 해 버리는 거요.
_〈그리스인 조르바〉

◆

같은 내용을
똑같이 배워도 같은 길을 가지는 않는다.
함께 길을 떠났더라도
같은 장소에 서지 않으며.
같은 장소에 섰다고 해도
똑같은 성과를 얻지는 않는다.

삶의 과정을 즐기면서 살자

세상에 맞춰 순응하며 오늘에 충실하자.
삶의 과정을 즐기면서 살자.

내 눈 앞에 펼쳐진 모든 것을 보고 듣고 냄새 맡으며
마음으로 느끼며 가슴으로 표현하며 살자.
예쁜 것은 예쁘다고 외치고
맛있으면 맛있다고 하고
남에게 피해를 주었으면 미안하다고 하자.

누군가 나를 위해
고마운 행동을 했으면 감사하다고 말하자.
현재의 삶을 몸과 마음으로 느끼며 살자.
그래야 지금으로부터 몇 해 뒤에
'그때 이렇게 했더라면' 이라고 후회하지 않을 테니까.

생각을 바꾸면 믿음이 달라진다.
믿음이 달라지면 기대가 달라진다.
기대가 달라지면 태도가 달라진다.
태도가 달라지면 행동이 달라진다.
행동이 달라지면 실력이 달라진다.
실력이 달라지면 인생이 달라진다.

_존 맥스웰

오늘에
충실하라

Easy come, easy go.
쉽게 온 건 쉽게 간다.
쉽게 얻으면 쉽게 없어진다.

◆

해를 품은 바다는
늘 그 자리에서
어리석은 인간을 향해
삶의 지혜를 나직이 말해준다.

내일 무엇을 하고
어떤 모습으로 살기를 바란다면
오늘에 충실하라고.
오늘 충실한 사람은
반드시 내일이 기다려 질 것이고
오늘 잘 살지 못한 사람은
내일 해 뜨는 것이 두려울 것이라고.
보이는 것 너머의
모든 것에는 새로운 시작이 있다.

삶을 하나의 무늬로
바라보라

삶을 하나의 무늬로 바라보라.
행복과 고통은
세세한 사건들과 섞여들어 정교한 무늬를 이루고
시련도 그 무늬를 더해주는 재로가 된다.
최후가 다가왔을 때
우리는 그 무늬의 완성을 기뻐하게 되는 것이다.

_영화 〈아메리칸 퀼트〉

◆

나는 해가 뜰 때 잠자리에서 일어났다. 행복하였다.
나는 거리를 산책했다. 행복하였다.
나는 부모님을 만났다. 행복하였다.
나는 숲과 언덕을 돌아다녔다. 행복하였다.
골짜기를 헤매었다. 책을 읽었다. 한가롭다.
정원에서 일하였다. 과일을 땄다. 집안일을 거들었다.
가는 곳마다 행복이 나의 뒤를 따르는 것이었다.
결국 행복은 어떤 일정한 틀 속에 있었던 것이 아니라
고스란히 내 자신 속에 머물러 있는 것이란 사실을 깨달았다

_루소

사랑하고,
그 사랑을 표현하라.
겸손하라.
겸손은 지혜와 이해의 선물이다.
친절하라.
자기 자신과 다른 사람들에게.
나누라.
자신의 느낌과 관심사들까지.
정직하라.
자기 자신과 다른 사람들에게.

_인디언 잠언

가슴으로 느끼고 행동하라

It is only with the heart that one can see rightly;
what is essential is invisible to the eye.
사람은 오로지 가슴으로만 올바로 볼 수 있다.
본질적인 것은 눈에 보이지 않는다.

_생텍쥐페리

◆

세상에서 가장 좋은 벗은
나 자신이며,
세상에서 가장 나쁜 벗도
나 자신이다.

나를 구할 수 있는
가장 큰 힘도 나 자신 속에 있으며
나를 해하는 무서운 칼날도
나 자신 속에 있다.
이 두 가지 중
나 자신 중에 어느 것을 좇느냐에 운명이 결정된다.

_월만

행복은 따스함이다

행복은 포도주 한잔, 밤 한 알, 허름한 화덕,
바다 소리처럼 참으로 단순하고 소박한 것이다.
행복하다고 느끼게 하는 데
필요한 것이라곤 단순하고 소박한 마음뿐이다.
_⟨그리스인 조르바⟩

◆

행복은 받는 자가 아니라
오히려 주는 자의 몫이다.

다른 사람에게 배려 깊게 행동하는 것,
그의 인생에 도움이 될 수 있는 아이디어를 말해 주는 것,
감사하다는 친절의 말을 하는 것,
진심에서 우러나오는 마음으로 남의 짐을 들어주는 것,
이해하는 것,

그것은 당신의 일부를 남에게 주는 것이다.
그것은 당신이 당신의 가슴에 간직하고 있던 어떤 것을
남의 가슴에 따스하게 안겨주는 것이다.

_찰스H. 벌

기쁨이란

인간의 우정 속에는 놀라운 기쁨이 있다.
우리가 의식하지 못하는 사이에
기쁨이 퍼져 간다는 사실에 주목하면,
쉽게 이해할 수 있을 것이다.

내가 옆에 있는 것이 친구에게 조금이라도 기쁨을 준다면,
이번에는 내 편에서도 기쁨을 느끼게 된다.
이처럼 저마다 남에게 주는 기쁨이란
언제나 자기 자신에게 필연적으로 되돌아오기 마련이다.

_알랭

◆

사흘만 볼 수 있다면(Three Days to See)
사흘만 세상을 볼 수 있다면
첫째 날은 사랑하는 이의 얼굴을 보리라.
둘째 날은 밤이 아침으로 변하는 기적을 보리라.
셋째 날은 사람들이 오가는 평범한 거리를 보고 싶다.
단언컨대, 본다는 것은 가장 큰 축복이다.

_헬렌 켈러

약속을 지키며 전진하라

자신과 약속을 지키지 못하는 사람은
다른 사람과의 약속도 지키지 못한다.
자신과의 약속을 대수롭지 않게 생각하는 사람은
다른 사람과 했던 약속을 어겨도 죄책감을 느끼지 않는다.

_채근담

◆

인생의 목적은 끊임없는 전진이다.
앞에는 언덕이 있고,
냇물이 있고, 진흙구덩이가 있다.
평탄한 길만이 있는 것이 아니다.

먼 곳을 향해 가는 배가
풍파를 만나지 않고 고요하게만 갈 수는 없다.
풍파는 언제나 전진하는 자의 벗이다.
차라리 고난 속에 인생의 기쁨이 있다.
풍파 없는 항해란 얼마나 단조로운가.
고난이 많을수록 나의 가슴은 뛴다.

_니체

웃어야 행복하다

나는 행복했고, 그 사실을 알고 있었다.
행복을 체험하면서 그것을 의식하기란 쉽지 않다.
행복한 순간이 과거로 지나가고
그것을 되돌아보면서 우리는 갑자기
그 순간이 얼마나 행복했던가를 깨닫는 것이다.
_〈그리스인 조르바〉

◆

웃는 얼굴은
인간이 피울 수 있는 꽃이다.
돈이 있든 없든,
가족에게든 친구에게든,
아낌없이 줄 수 있는
행복의 꽃이 웃는 얼굴이다.

늘 어두운 얼굴을 하고 있으면
주위에도 기운이 없어지고 만다.
그런 곳에서는
희망도 활력도 생기지 않는다.
웃는 얼굴을 하고 있는 사람은 강하다.

행복은 지금, 여기, 함께

행복한 사람이란
원하는 일보다
지금 하고 있는 일을.

원하는 사람보다
지금 함께 있는 사람을.
원하는 곳보다
지금 머무는 곳을 좋아하는 것이
진정으로 행복한 사람이다.
마음이 평화로우면
행복은 그곳에 꽃처럼 피어난다.

누구에게나
자신의 삶을
의미 있게 만드는
'단 하나'(The one Thing)가 있다.
당신의
'단 하나'는 무엇인가?

_파울로 코엘료

함께 즐거워하라

집안에서는 늘 화목하게 지내라!
화목하면 자연히 즐거움이 있게 된다.
다른 사람의 즐거운 일을 함께 즐거워하라!
그리고 역경에 빠지더라도 양심과 도의를 힘으로 삼고
결코 낙망하지 마라!

잘못을 저지르는 사람이 있거든 반드시 부드러운 말로 타일러라.
현재 자기에게 주어진 환경을 늘 고맙게 생각해야 하며
결코 세상이나 고난을 원망하지 말라.

_알랭

◆

봄의 말

봄이
속삭인다.
꽃피라.
희망하라.
사랑하라.

삶을
두려워하지 마라.

_헤르만 헤세

길들여진 것들은 그를 기억할 것이다

방 한구석에 뒤축이 닳고
빨간 뿅뿅 방울이 달린 슬리퍼
한 짝이 있을 뿐이었다.
슬리퍼는 여전히
주인의 발 모양을 그대로 간직하고 있었다.
인간의 마음보다 더 충직한 슬리퍼는
발에게 푸대접을 받았으나
사랑으로 기억하고 있는 것이었다.

_〈그리스인 조르바〉

◆

빨리 가려거든 혼자가라.
멀리 가려거든 함께 가라.

빨리 가려거든 직선으로 가라.
멀리 가려거든 곡선으로 가라.

외나무가 되려거든 혼자 서라.
푸른 숲이 되려거든 함께 서라.

_인디언 잠언

내일 5
우리 모두는
누군가의
첫사랑이었다.

Verlust

Johann Wolfgang von Goethe

Ach wer bringt die schonen Tage
Jene Tage der ersten Liebe
Ach wer bringt nur eine Stunde
Jener holden Zeit zuruck

Einsam nahr ich meine Wunde
Und mit stets erneuter Klage
Traur ich ums verlorne Gluck
Ach wer bringt die schonen Tage
Jene holde Zeit zuruck

첫사랑

아, 누가 그 아름다운 날을 가져다 줄 것이냐
저 첫사랑의 날을

아, 누가 그 아름다운 때를 돌려 줄 것이냐
저 사랑스러운 때를
쓸쓸히 나는 이 상처를 기르고 있다
끊임없이 새로워지는 한탄과 더불어

잃어버린 행복을 슬퍼한다.
아, 누가 그 아름다운 날을 가져다 줄 것이냐

그 즐거운 때를

_괴테

사랑에 필요한 것들

사랑하는 사람
그리고 사랑하는 마음
그 사람만 보면 웃을 수 있는 행복
자기 자신보다 상대방을 더 생각해 주는 배려심
보고 있어도 보고 싶어 하는 그리움
함께 한다고 해도 가끔 생겨난 외로움
가끔은 사랑을 굳건히 해주는 아름다운 질투심
서로를 위해 흘려주는 눈물
상대방에게 자신의 슬픔을 감춰주는 선의의 거짓말
서로의 사랑을 확인시켜주는 진실 그리고 믿음

_〈사랑할 때 알아야할 59가지〉

◆

Real love is a permanently self-enlarging experience.
진정한 사랑은 영원히 자신을 성장시키는 경험이다.

_M. 스캇 펙

용기를 가진 사람만이 사랑할 수 있다

첫눈에 널 사랑하게 됐지만,
이제야 내 감정에 솔직할 수 있게 됐어.
늘 앞서 계산하며 몸을 사렸었지.
오늘 너에게서 배운 덕분에
내 선택과 내 삶이 완전히 달라졌어.
단 하루를 살아도 진정 사랑했다면
정말 값진 삶을 산거잖아.
5분을 더 살든, 50년을 더 살든,
오늘 네가 아니었다면 난 영영 사랑을 몰랐을 거야.
사랑하는 법을 알려줘서 고마워!
또 사랑받는 법도.

_영화 〈이프 온리〉

◆

사랑하기 위해선 신념이 필요하고,
신념을 가지려면 용기가 필요하다.
용기는 굳이 위험을 무릅쓰는 힘,
고난과 아픔을 겪거나
큰 실망에 빠져도 이겨내겠다는 각오이다.
이러한 용기를 가진 사람만이 사랑할 수 있다.

_에리히 프롬 〈사랑의 기술〉

내 마음속엔,
너만 있다

In my heart, There is only you.
내 마음속엔, 너만 있다.

그대 무덤에 꽃을 어여쁜 꽃다운 아가씨여,
내 그대 신방 잠자리에 꽃을 뿌리네,
아아, 비통하도다!
무덤 뚜껑은 흙과 돌,
내 거기에 밤마다 정결한 성수 뿌려 적시오리다.
성수 없으면 슬픔으로 짜낸 눈물을 뿌리오리라.
내 그대 명복 비는 간절한 마음은
밤마다 그대 무덤에 꽃 뿌리며 눈물지리다.

_〈로미오와 줄리엣〉

사랑이란
물들어가는 것 1

You make me want to be a better man.
당신은 내가 더 좋은 사람이 되고 싶도록 만들었소.
_영화 〈이보다 더 좋을 순 없다〉

◆

사람을
당신만큼 사랑해본 적이 없어요.
하고 싶은 말이 쌓이고 쌓였지만
내 혀로는 안 돼요.
춤으로 보여드리지.
자, 갑시다.
_〈그리스인 조르바〉

사랑이란
물들어가는 것 2

If there were ann term of validity in my love,

I wish it would be ten thousand years.

만약에 사랑에도 유효기간이 있다면

나의 사랑은 만년으로 하고 싶어.

_〈중경삼림〉

◆

날마다
봄 햇살처럼
내 가슴을 파고드는,
당신이 좋습니다.

사랑이란
물들어가는 것 3

Good Afternoon, Good Evening, Good Night!
오늘 못 볼 지도 모르니, 미리 인사해 두죠.

_영화 〈트루먼 쇼〉

◆

한 번이면 된다.
오직 단 한 번 유서를 쓰듯
우레가 치듯 나에게 오라.
부디,
사랑이여
와서 나를 짓밟아라.

_최갑수

사랑이란
물들어가는 것 4

Immature love says, I love you because I need you,
mature love says, I need you because I love you.
미숙한 사랑은 '당신이 필요해서 당신을 사랑한다.' 고 하지만
성숙한 사랑은 '사랑하니까 당신이 필요하다' 고 한다.
_윈스턴 처칠

◆

오월의 하루를
너와 함께 있고 싶다.
오로지
서로에게 사무친 채.
_〈릴케의 편지〉

사랑이란
물들어가는 것 5

사랑한다는 것은 관심(interest)을 갖는 것이며,
존중(respect)하는 것이다.

_에리히 프롬

◆

백 명이 당신을 사랑한다면
그중 한 사람은 저입니다.
열 명이 당신을 사랑한다면
그중 한 사람은 저입니다.
단 한 사람이 당신을 사랑한다면
그건 바로 저입니다.
아무도 당신을 사랑하지 않는다면
그건 제가 이 세상에
존재하지 않기 때문입니다.

_〈사랑할 때 알아야 할 59가지〉

사랑이란
물들어가는 것 6

가끔 라디오에서 좋은 노래가 나올 때가 있어.
노래를 듣고 나선 들은 것만으로 행복해지기도 해.
만약 평생 동안 듣고 싶은 노래가 있다면,
넌 그런 노래일 거야.

_영화 〈유 콜 잇 러브〉

◆

"언제나 같은 시간에 오는 게 더 좋아".
여우가 말했다.
가령 네가 오후 네 시에 온다면,
나는 세 시부터 행복해질 거야.
네 시가 가까워 올수록 나는 점점 더 행복해지겠지.
네 시에는 흥분해서 안절부절 못할 거야.
그래서 행복이 얼마나 값진 일인가 알게 되겠지!
하지만 네가 아무 때나 오면
몇 시에 마음의 준비를 해야 하는지 모르잖아.
의식이 필요하거든.

_〈어린 왕자〉

사랑이란
물들어가는 것 7

I like you very much, just as you are.
당신을 아주 많이 좋아해요. 있는 그대로의 당신을.
_브리짓 존스의 일기

◆

그 사람이
잘 해줄수록 겁이나요.
그 사람이
잘 해줄수록,
나를 위해
애써줄수록 너무 두려웠어요.
내가 너무 많이 기대하게 될까봐.
그 사람이
날 좋아한다고 오해하게 될까봐.
약속한 그 날에
그 사람 보내줄 수 없을까봐.

_〈운명처럼 널 사랑해〉

사람은 누구나
스스로 건너야 할 사막이 있다

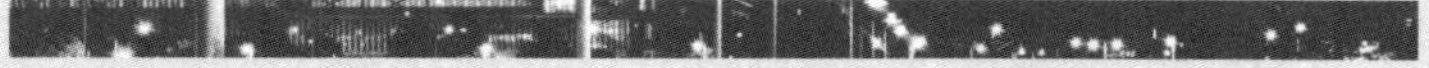

언젠가 남편이 그랬다.
사람은 누구나 스스로 건너야 할
자신의 사막을 가지고 있는 거라고.
사막을 건너는 길에 나는 오아시스를 만났다.
푸르고 넘치는 물.
풍요로움으로 가득 찬 오아시스를 지나
나는 이제 그 사막을 건너는 법을 안다.
한때 절망으로 울며 건너던
그 사막을 나는 이제 사랑으로 건너려 한다.
어린 새의 깃털보다 더 보드랍고,
더 강한 사랑으로.

_영화 〈편지〉

◆

삶의 목적어인
사랑,
하나를 이루면
또 하나가 앞에 다가와 서 있다.
그래서 살아볼만한 가치가 있다는 것이다.

사랑 하나면
충분했다 1

You can erase someone from your mind,

getting them out your heart is another story.

당신이 누군가를 당신의 마음속에서 지울 수는 있지만

사랑했던 것만은 지워지지 않아요.

_〈이터널 선샤인〉

◆

두 사람

이제 두 사람은 비를 맞지 않으리라.

서로가 서로에게 지붕이 되어 줄 테니까.

이제 두 사람은 춥지 않으리라.

서로가 서로에게 따뜻함이 될 테니까.

이제 두 사람은 더 이상 외롭지 않으리라.

서로가 서로에게 동행이 될 테니까.

이제 두 사람은 두 개의 몸이지만

두 사람의 앞에는 오직 하나의 인생만이 있으리라.

이제 그대들의 집으로 들어가라.

함께 있는 날들 속으로 들어가라.

이 대지 위에서 그대들은 오랫동안 행복하리라.

_인디언들의 축시

사랑 하나면
충분했다 2

I want love, or death. That's it.
사랑 아니면 죽음. 그게 전부예요.

_영화 〈레옹〉

◆

사랑은
저 외에는 아무것도 주지 않으며,
저 외에는 아무것도 구하지 않는 것.
사랑은
소유하지도, 소유당할 수도 없는 것.
사랑은
다만 사랑으로 충분할 뿐.
사랑은
심지어 그대들 속의 가장 높은 곳까지 올라가
햇빛에 떨고 있는 그대들의 부드러운 가지들을 껴안지만,
한편 사랑은 또 그대들 속의 뿌리로 내려가
대지에 엉켜 있는 그것들을 흔들어 대기도 하는 것이기에.

_칼릴 지브란

사랑 하나면
충분했다 3

사랑하라,
오늘이 마지막인 것처럼

_영화 〈이프 온리〉

◆

키스로 나를 축복해 주는
당신의 입술을, 즐거운 나의 입이
다시 만나고 싶어 합니다.
고운 당신의 손가락을 어루만지며
나의 손가락에 깍지 끼고 싶습니다.
내 눈의 목마름을 당신 눈에서 적시고
깊숙이 내 머리를 당신 머리에 묻고
언제나 눈 떠 있는 젊은 육체로
당신 몸의 움직임에 충실히 따라
늘 새로운 사랑의 불꽃으로 천 번이나
당신의 아름다움을 새기고 싶습니다.

_헤르만 헤세 〈사랑〉

사랑을 다해
사랑하였노라고 1

To love someone is to identify with them.
누군가를 사랑한다는 것은 자신을 그와 동일시하는 것이다.

_아리스토텔레스

◆

사랑을 다해 사랑하였노라고 정작 할 말이 남아 있음을 알았을 때
당신은 이미 남의 사랑이 되어 있었다.
불러야 할 뜨거운 노래를 가슴으로 죽이며
당신은 멀리로 잃어지고 있었다.
아마 곱스런 눈웃음이 사라지기 전
두고두고 아름다운 여인으로만 잊어달라지만
남자에게 있어 여자란 기쁨 아니면
슬픔 다섯 손가락 끝을 잘라 핏물 오선 그어
혼자라도 외롭지 않은 밤에 울어 보리라
울다가 지쳐 멍든 눈 흘김으로 미워서 미워지도록 사랑하리라
한 잔은 떠나버린 너를 위하여
또 한 잔은 이미 초라해진 나를 위하여
그리고 한 잔은 너와의 영원한 사랑을 위하여
마지막 한 잔은 미리 알고 정하신 하나님을 위하여

_조지훈 〈사모〉

사랑을 다해
사랑하였노라고 2

세상에서
가장 강력한 환각제는 사랑입니다.
있지도 않은 것들을 보거나
듣게 만드는 재주를 부리니까요.
삶에 후회를 남기지 말고,
사랑하는 데 이유를 달지 마세요.

_〈마법의 순간〉

◆

꽃은
꽃 그대로가 아름답다.
너도 너 그대로가 아름다운데
왜 다른 사람에게서
너를 찾으려고 하는가?

_틱낫한

사랑을 다해
사랑하였노라고 3

난,
그저 사랑해 달라며
한 남자 앞에 서있는 여자일 뿐이에요
_영화 〈노팅 힐〉

◆

외롭게도,
슬프게도,
기쁘게도,
살아있게도,
죽게도 만드는 뱀파이어 같은 사랑,
도대체 사랑이 뭘까?

나와 나타샤와 흰 당나귀

가난한 내가 아름다운 나타샤를 사랑해서
오늘밤은 푹푹 눈이 나린다
나타샤를 사랑은 하고 눈은 푹푹 날리고
나는 혼자 쓸쓸히 앉아 소주를 마신다
소주를 마시며 생각한다
나타샤와 나는 눈이 푹푹 쌓이는 밤
흰 당나귀 타고 산골로 가자
출출이 우는 깊은 산골로 가 마가리에 살자
눈은 푹푹 나리고 나는 나타샤를 생각하고
나타샤가 아니 올 리 없다
언제 벌써 내 속에 고조곤히 와 이야기한다
산골로 가는 것은 세상한테 지는 것이 아니다
세상 같은 건 더러워 버리는 것이다
눈은 푹푹 나리고 아름다운 나타샤는
나를 사랑하고 어데서 흰 당나귀도
오늘밤이 좋아서 응앙응앙 울을 것이다

_백석

사랑은 1

당치도 않다.
사랑은 폭풍을 빤히 응시하면서,
흔들리지도 않고, 언제까지나,
단단히 서 있는 등대이다.
모든 길 잃은 배들을 인도하는 별이다.
그 높이는 가늠할 수 있어도 그 힘을 알 길은 없다.

_셰익스피어 〈소네트 모음집〉

◆

어린아이의 사랑은,
'나는 사랑받기 때문이다' 는 원칙에 따르고 있고,
성숙한 어른의 사랑은
'나는 사랑하기 때문에 사랑한다.' 는 원칙에 따르고 있다.
성숙하지 못한 사랑은
'그대가 필요하기 때문에 나는 그대를 사랑한다.' 는 것이지만,
성숙한 사랑은
'그대를 사랑하기 때문에 그대가 필요하다' 는 것이다.

_에리히 프롬

사랑은 2

'나는 너에 대한 지극한 사랑을 가지고 있다.'고
말하는 것은 아무 의미가 없는 말이다.
사랑은 소유할 수 있는 물건이 아니라 하나의 과정,
삶이 그 주체가 되는 내적 행동인 것이다.
나는 사랑할 수 있고 사랑에 빠질 수 있다.
그러나 사랑에 있어서 무엇을 '가진다.'는 것은 있을 수 없다.
실상 더욱 적게 가질수록 더욱 사랑할 수 있는 것이다.

_에리히 프롬〈소유냐 삶이냐〉

◆

때로 사랑하는 사람과 함께 있을 때,
나는 보답이 없는 사랑을
쏟고 있는 것이 아닌가 하는 생각에
온몸이 분노로 가득 찬다.
하지만 이제 보답이 없는 사랑 따위는
존재하지 않는다고 생각한다.
사랑은 어떤 형식으로든 반드시 보답한다.

_월트 휘트먼

사랑은
물길을 트는 것

인연의 싹은 하늘이 준비하지만 이 싹을 잘 지켜 튼튼하게
뿌리 내리게 하는 것은 순전히 사람의 몫이다.
인연이란 인내를 가지고 공과 시간을 들여야 비로소
향기로운 꽃을 피우는 한 포기의 난초인 것이다.

_헤르만 헤세

◆

사람이 사람을 만나 서로 좋아하면
두 사람 사이에 물길이 튼다.
한쪽이 슬퍼지면 친구도 가슴이 메이고
기뻐서 출렁거리면 그 물살은 밝게 빛나서
친구의 웃음소리가 강물의 끝에서도 들린다.

_마종기

사랑이란

세상에서 가장 아름다운 말은 '사랑' 이다.
우리는 사랑하고 사랑받기 위해 태어난 존재다.
사랑은 삶의 시작과 끝이며
살아가는 이유를 묻는 모든 질문에 대한 해답이다.
사랑을 줄 때에는 넉넉한 마음으로 줄 것이고,
사랑을 받을 때에는 감사의 마음을 전하라.
진심으로 감사하는 마음이 통할 때 서로에게 만족을 준다.

인간의 가슴은 하나의 악기다.
그 악기에는 위대한 음악이 깃들어 있다.
잠자고 있긴 하지만 위대한 음악이 그곳에 있다.
연주되고 표현되고 노래 불러질 순간을 기다린다.
그러한 순간을 만나는 것은 사랑을 통해서다.

_오쇼 라즈니쉬 〈사랑〉

최고의 사랑

Winning that ticket was the best thing
that ever happened to me.
It brought me to you.
이 배의 탑승권을 따낸 건
내 인생 최고의 행운이었어.
당신을 만났으니까.
_〈타이타닉〉

◆

수백 명을 기쁘게 해주는 것보다
사랑하는 단 한사람을 외롭지 않게 하는 것이
최고의 사랑이다.

세상에서 가장 어려운 일은 사랑을 얻는 것,
세상에서 가장 힘든 일은 사랑을 지키는 것.
세상에서 가장 고통스러운 일은 사랑이 식는 것.

미워서 미워지도록 사랑하리라

사랑은 덫이다.
한 번 빠지면 헤어 나올 수 없는
지독한 덫이 된다는 것을
조지훈의 시(사모)에도 나와 있다.
"울어서 힘든 눈 흘김으로 미워서 미워지도록 사랑하리라.
한잔은 떠나버린 너를 위해.
한잔은 너와의 영원한 사랑을 위해."

몰입을 해도 집착은 하지 말자.
이 세상에 유일한 것은 없으니까.
유일하다고 생각하면 집착할 것이고
집착은 상처를 남기니까.
상대적 관점에서 생각하자.
그래야 집착이 아닌
몰입으로 만족을 이끌어낼 테니까.

12가지 강한 것

세상에는 열두 가지의 강한 것이 있다.
먼저 돌이다.
그러나 돌은 쇠에 의해 깎인다.

쇠는 불에 의해 녹는다.
불은 물에 의해 꺼진다.

물은 구름에 흡수되고, 구름은 바람에 날린다.
그러나 바람은 인간을 날려 버리지 못한다.
그러나 인간은 괴로움에 의해 산산조각이 난다.

괴로움은 술을 마시면 사라지고
술은 잠에 의해서 깨지만,
잠은 죽음만큼 강하지는 못하다.
그러나 이 죽음조차도 사랑을 이기지는 못한다.
_〈탈무드〉

◆

역경을 예상하고 미소를 지어라.
그것은 틀림없이 나타난다.
역경에 대해 감사하라.
인간의 영혼은 역경을 통해 성장한다.
_짐 론

아름다운 것은 눈에 보이지 않는 거야

The biggest present that I got is only you.
세상이 내게 준 가장 큰 선물은 바로 당신이에요.
_영화 〈필링 미네소타〉

◆

"사막이 아름다운 것은 어딘가에 우물을 감추고 있기 때문이야."
왕자님이 말했습니다.
갑자기 나는 모래가 이상하게 빛나는 것을 보고 깜짝 놀랐습니다.
아주 어렸을 때 나는 어떤 오래된 집에 살고 있었는데 ,
그 집에는 뭔가 보물이 묻혀있다는 얘기가 전해 내려왔습니다.
물론 아무도 그 보물을 발견한 적이 없으며
그것을 찾으려 했던 사람도 없는 것 같습니다.
하지만 집 전체가 그 보물로 인해
아름다운 마법에 걸려 있는 것 같았습니다.
우리 집은 집안에 하나의 비밀을 간직하고 있었던 것이지요.
"그렇지, 집이든 별이든 사막이든
아름다운 곳은 눈에 보이지 않는 거야."
나는 왕자님에게 말했습니다.

_〈어린왕자〉

사랑은
위대하다

How wonderful life is, you're in the world.
The greatest you ever learn is just love and be loved in retune.
그대가 있어 세상은 아름다워라.
삶에서 가장 위대한 것은 사랑하고,
또 사랑받는 것이다.

◆

내가 그의 이름을 불러주기 전에는
그는 다만 하나의 몸짓에 지나지 않았다.
내가 그의 이름을 불러주었을 때
그는 나에게로 다가와 꽃이 되었다.
내가 그의 이름을 불러준 것처럼
나의 이 빛깔과 향기에 알맞은
누가 나의 이름을 불러다오.
그에게로 가서 나도
그의 꽃이 되고 싶다.

_김춘수 〈꽃〉

소중한 사람이라면
마음 옆에 두라

소중한 사람이라면
자기 몸 옆에 두려고 하지 말고
자기 마음 옆에 두어라.
_알랭

◆

당신께서 저한테
네 죄가 무엇이냐고 물으신다면
이 여자를 만나고,
사랑하고,
혼자 남겨두고
떠난다는 것이
가장 큰 죄일 것입니다.
_〈약속〉

기억하리, 그 사랑만을

내가
이렇게나 오로지 그 사람만을,
이렇게나 뜨겁게,
이만큼이나 가슴 뻐근하도록 사랑하고,
그 사람 외에는 아무것도 알지 못하고,
아무것도 이해하지 못하며,
아무것도 갖지 않았는데도
어찌하여 다른 남자가
그 사람을 사랑할 수가 있단 말인가?
어찌하여 사랑하는 것이 허락된단 말인가?
_괴테 〈젊은 베르테르의 슬픔〉

◆

어떤 인연은 마음으로 만나고
어떤 인연은 몸으로 만나고
어떤 인연은 눈으로 만난다.
어떤 인연은 내 안으로 들어와 주인이 되고
또 어떤 인연은 건널 수 없는 강이 된다.

인연설

함께 영원히 있을 수 없음을 슬퍼 말고
잠시라도 함께 있을 수 있음을 기뻐하고
더 좋아해 주지 않음을 노여워 말고
이만큼 좋아해 주는 것에 만족하고
나만 애태운다 원망치 말고 애처롭기까지
한 사랑을 할 수 있음을 감사하고
주기만 하는 사랑이라 지치지 말고
더 많이 줄 수 없음을 아파하고
남과 함께 즐거워한다고 질투하지 말고
그의 기쁨이라 여겨 함께 기뻐할 줄 알고
이룰 수 없는 사랑이라 일찍 포기하지 말고
깨끗한 사랑으로 오래 간직할 수 있는
나는 당신을 그렇게 사랑하렵니다.

_한용운

◆

고독을 기꺼이 받아들이세요.
우리로 하여금
삶의 목적을 찾을 수 있도록
안내하는 선물이랍니다.

_〈마법의 순간〉

사랑은
편안한 의자 같은 것

내가 꿈꾸는 사랑은 오래 앉아본 듯한,
편안한 의자 같은 것이다.

_박범신 〈은교〉

◆

지는 저녁 해를 바라보며
오늘도 그대를 사랑하였습니다.

날 저문 하늘에 별들은 보이지 않고
잠든 세상 밖으로 새벽달 빈 길에 뜨면
사랑과 어둠의 바닷가에 나가
저무는 섬 하나 떠올리며 울었습니다.

외로운 사람들은
어디론가 사라져서
해마다 첫눈으로 내리고
새벽보다 깊은 새벽 섬 기슭에 앉아
오늘도 그대를 사랑하는 일보다
기다리는 일이 더 행복하였습니다.

_정호승 〈또 기다리는 편지〉

사랑하고
기억하라

Memento mori, Carpe diem!
죽음을 기억하고, 현재를 즐겨라!

_이탈리아 격언

◆

편지의 윗줄을 비워놓았어요.
당신이 이 편지를 읽을 때마다,
내가 당신에게 미처 하지 못한
그 말을 상상할 수 있도록.

_장 자크 로니에 〈영혼의 기억〉

◆

모든 여자는 자신의 산을
모든 남자는 자신의 바다를 품고 있지.
하늘과 바다는 수평선에서 서로 닿닿을 수 있지만
절대로 하나가 될 수 없고
같은 공간에서 같은 이난을 나눌 수가 없지.

_아지즈 네신

함께 느끼는 것

To love and be loved is to feel the sun from both sides.
사랑하고 사랑 받는 것은 양 쪽에서 태양을 느끼는 것이다.

_데이비드 비스코트

◆

죽음의 공포보다 강한 것은 사랑의 감정이다.
헤엄을 못 치는 아버지가,
물에 빠진 자식을 건지기 위해서 물속에 뛰어드는 것은
사랑의 감정이 시킨 것이다.
사랑은 나 이외에 사람에 대한 행복을 위해서 발로되는 것이다.
인생에는 허다한 모습이 있지만,
그것을 해결할 길은 오직 사랑뿐이다.
사랑은 나 자신을 위해서는 약하고 남을 위해서는 강하다.

_톨스토이

◆

나는 가장 슬픈 시를 쓸 수 있다.
그녀가 곁에 없음을 생각하며. 그녀를 잃었음을 느끼며.
아득한, 그녀가 없어 더욱 아득한 밤의 소리를 듣는다.
풀밭에 이슬 내리듯 내 영혼에 시가 내린다.

_네루다

사랑도 삶의 조각이다

What was hard to bear is sweet to remember.
견디기 어려운 것일수록 아름다운 추억거리가 된다.

◆

비 냄새 나는 싸늘한 공기를 들이키며,
나는 생각한다.
나는 누구의 가슴 속에 있는 것일까.
그리고 내 가슴속에는 누가 있는 것일까.
사람이 있을 곳이란,
누군가의 가슴속밖에 없는 것이다.

_에쿠니 가오리 〈냉정과 열정사이〉

◆

행복해지길 원한다면 집착을
놓아버리는 결단을 해야 한다.
마음 속 집착이 없어지면 진정한
평화와 기쁨을 얻게 된다.

_틱낫한

사랑이란

사랑에는 미적 사랑, 헌신적 사랑, 실행적 사랑의 3종류가 있다.
미적인 사랑이라는 것은
아름다운 감정과 표현에 대한 사랑을 의미한다.
미적인 사랑을 하는 사람은 사랑의 대상이 미적인 느낌을 자극하
는 범위 내에 있어야만 바람직하다고 받아들인다.
즉, 이러한 감정을 의식하고 표현하는 것을 즐기고 있는 셈이다.
그들은 이따금 사랑의 대상을 변경하는데, 그들의 주된 목적은
사랑의 쾌감이 끊임없이 자극되기를 바라기 때문이다.
헌신적인 사랑은 사랑의 대상을 위해
자기를 희생하는 그 과정에 대한 사랑을 의미한다.
그런 희생을 위해서는 사랑의 대상이 어떤 불편을 겪더라도,
또는 기뻐하더라도 그런 것은 아예 마음에 두지 않는다.
실행적인 사랑은 사랑하는 사람의 모든 욕구, 모든 희망,
모든 변덕뿐 아니라 그 악덕까지도
만족시켜주려는 노력을 아까워하지 않는다.
이러한 사랑에 사는 사람은 일생동안 변하지 않는 사랑을 지킨다.
왜냐하면 사랑하면 사랑할수록
그들은 더 깊이 사랑의 대상을 이해할 수 있기 때문에
그 대상의 희망을 만족시켜줄 수 있는
일이 점점 더 쉬워지기 때문이다.
이들의 사랑이 언어로 표현되는 경우는 거의 찾아보기 어렵다.

내일 6
결코
늦지 않았다.
Never too late.

What Though Life Conspire To Cheat You
By Aleksandr Sergeyerich Pushkin

What though life conspire to cheat you,
Do not sorrow or complain.
Lie still on the day of pain,
And the day of joy will greet you.
Hearts live in the coming day.
There's an end to passing sorrow.
Suddenly all flies away,
And delight returns tomorrow.

삶이 그대를 속일지라도

삶이 그대를 속일지라도,
슬퍼하거나 노여워하지 마라.
슬픔의 날을 참고 견디면,
기쁨의 날은 반드시 찾아오리니.
마음은 미래에 사는 것.
지나치는 슬픔엔 끝이 있게 마련.
모든 것은 순식간에 지나가고,
내일은 기쁨이 돌아오느니.
_A. S. 푸시킨

세상은 돌고 도는 것

자아는
이미 만들어진 완성품이 아니라
끊임없이
행위의 선택을 통해 형성되는 것이다.
_존 듀이

◆

모든 것은 가며,
모든 것은 되돌아온다.
존재의 바퀴는 영원히 돌고 돈다.
모든 것은 시들어가며,
모든 것은 다시 피어난다.
_니체 〈차라투스트라는 이렇게 말했다〉

견디고 꿈꾸고 혼자가 된다

나는 다시 싸움을 계속하고,
그리움을 견디고,
꿈을 꾸고, 혼자일 것이다.

_헤르만 헤세 〈데미안〉

◆

오늘은
최초의 날이자 최후의 날이다.
현재를 열심히 사는 수밖에,
행복에서 불행으로 바뀌는 것은
순간적인 일이나,
불행을 행복으로 바꾸는 데에는
오랜 세월이 걸린다.

_〈탈무드 잠언집〉

인생은
느끼는 것

너에게로 가는 것이 내 뜻이었는데,
그게 그때만 해도 내 자신에게는 의식되지 않은 거야.
그런데 동시에 너의 의지가 나를 도와 함께 끌어준 거야.

_헤르만 헤세 〈데미안〉

◆

나는 인생을 흘깃 봅니다.
나는 거기에 있는 인생을 분명하게 느낍니다.
그것은 아이들과도,
남편과도 나눌 수 없는 나만의 현실입니다.
나와 인생 사이에는
일종의 거래가 이루어지고 있습니다.

_버지니아 울프 〈등대로〉

존재의 바퀴는 돌고 돈다

괴로움에는 여러 가지 종류가 있다.
자신의 의무를 다하기 위한 괴로움이 있고,
운명과 싸우며 견디는 괴로움도 있다.

또 나쁜 유혹을 물리치려고 애쓰는 괴로움도 있다.
이 모든 괴로움은 신체의 양식이 필요하듯
우리의 정신에 양식이 될 수 있다.

사람은 괴로움을 이겨 내지 않고는
스스로의 영혼을 구하지 못한다.
_고왈츠

◆

모든 것은 가며,
모든 것은 되돌아온다.

존재의 바퀴는 영원히 돌고 돈다.

모든 것은 시들어가며,
모든 것은 다시 피어난다.
_니체 〈차라투스트라는 이렇게 말했다〉

더하고 빼고

세상살이의 사칙연산 원리는 학교의 그것과 다르다.
현실의 뺄셈은 사실 또 다른 형태의 덧셈이다.
인생이라는 이름의 저울은
우리에게 항상 균형을 맞추라고 요구하기 때문이다.
_무무 〈오늘, 뺄셈〉

◆

나는
이 세상을 단 한 번 밖에 스쳐 갈 수 없다.

지금 이 순간도 지나가면 다시 돌아오지 않는다.
그러므로 내가 할 수 있는
모든 좋은 일들과 내가 행할 수 있는
어떤 종류의 선행도 지금 이 순간에 행하도록 해야 한다.
결코 그것을 뒤로 미룬다거나
소홀히 하거나 간과해서는 안 된다.

왜냐하면
나는 다시는 이 길을,
이 순간을 지나갈 수 없기 때문이다.

_나이트

행복은 만족이다

행복이란 스스로 만족하는 데 있다.
남보다 나은 점에서 행복을 구한다면,
영원히 행복하지 못할 것이다.
왜냐하면 누구든지 한두 가지 나은 점은 있지만,
열 가지 전부가 남보다 뛰어날 수는 없기 때문이다.
그렇기 때문에 행복이란 남과 비교해서 찾을 것이 아니라,
스스로 만족할 수 있는 것이 중요하다.

_알랭

◆

행복에는 여러 가지 형태가 있다.
돈 있는 것도 행복의 하나요,
지위 있고 명예 있는 것도 행복의 하나인 것은 틀림없다.
그러나 그 중에도 성가신 일이 없고
사고 없이 평온하게 지내며 얻은 부귀와 명예라면
이것은 정원에 심은 꽃과 같다.
즉, 잘 가꾸면 꽃이 피고 어느 정드 오래 갈 수 있다.
반면에 권력이나 모략으로 얻은 브귀나 명예라면
이것은 화병에 꽂아 놓은 꽃과 같다.
뿌리가 없으니 얼마 안 가서 시들고 만다.

_홍자성 〈채근담〉

마음을 열어라

마음 깊은 곳에서는 우리 모두 똑같다.
똑같은 실수를 저지르고,
똑같은 의문을 품은 채 살아간다.

_파울로 코엘료 〈불륜〉

◆

사랑이란 상상도 못할 만큼 빨리 자라나는 것이며,
이것은 곧 마음의 병입니다.
지금의 나는 스스로 생각해도
어이가 없을 만큼 되어 버리고 말았습니다.
몇 시, 몇 분 따위는 헤아리려고도 하지 않으며
해가 뜨고 지는 것도 알려고 하지 않습니다.
오직 내가 시간을 계산하는 법을
'만났다, 만나지 않았다.
만날 수 있다. 없다. 왔다. 오지 않았다. 올 것이다.'
이것뿐입니다.

_곤차로프

아무렇게 해도 안 된다고 생각할 때

세상이 괴롭다고 사람을 피하려고 하는 것은
깨달은 사람이라고 할 수 없다.
생활이란 본시 사람 속에 있는 것이다.
먼지 많은 거기에 있으면서
그 먼지에 물들지 않는 사람이 진정 깨달은 사람이다.
연꽃은 진흙 속에 있으면서도 그 아름다움이 변치 않는다.
속에 있으면서 속되지 않는 것이 중요하다.

_홍자성 〈채근담〉

◆

이렇게 해도 안 되고, 저렇게 해도 안 되며,
아무렇게 해도 안 된다고 생각할 때,
하는 일마다 빗나가고,
너의 정열이 끝자락에 이르렀을 때,
그리고 사람들에 대한
너의 사랑이 장롱 속에 묻혀 있을 때,
네가 슬픔으로 가득 차 있을 때,
네가 오래오래 포기하고 있을 때,
너를 쩔쩔매게 한 후 오랜만에 찾아온 연휴,
그때야말로 일어나 앞으로 나아가야 할 시간이다.

_귄터 그라스

쉬어가라

죽음은 적이 아니다.
삶에 마침표가 있다는 것을 알면,
살아 있는 매순간을 소중하게 여기게 된다.
죽음이 없다면,
삶이 얼마나 소중한 선물인지 알 수 없을 것이다.

_대니얼 고틀립 〈샘에게 보내는 편지〉

◆

쉬어가라.
나는 왜 이렇게 빨리 달려가는 것일까?
나는 어떤 문제를 해결하고자 하는 것일까?
충분히 쉬도록 하라.
그러고 나면
계획했던 길을 더 힘차게 나아갈 수 있다.

_안젤름 그륀 〈하루를 살아도 행복하게〉

능력이란

세상살이의 사칙연산 원리는 학교의 그것과 다르다.

능력이란,
자기 의지대로 무엇을 할 수 있는 힘을 말한다.
하지만 할 수 있는 일을 하지 않는 것도 능력이다.
우리는 그것을 절제의 능력이라고 부른다.
정치인이건, 사업가건, 연예인이건, 절제가 미덕이다.

_차현진 〈숫자 없는 경제학〉

◆

세상살이의 사칙연산 원리는 학교의 그것과 다르다.
현실의 뺄셈은 사실 또 다른 형태의 덧셈이다.
인생이라는 이름의 저울은
우리에게 항상 균형을 맞추라고 요구하기 때문이다.

_무무 〈오늘, 뺄셈〉

‘결코’ 라는 말을
결코 하지 말라

Man is what he believes.
우리의 인생은 우리가 믿는 대로 된다.

_안톤 체호프

◆

‘결코’ 라는 말을 결코 하지 말라.
살다 보면 ‘결코’ 라는 말을
지키지 못하는 경우가 수두룩하다.
1921년에 나는 나 자신에게
그리고 수많은 팬들에게 약속했다.
결코 다시는 결혼하지 않을 것이라고,
그런데 나는 그 뒤로 네 번이나 더 결혼했다.
‘결코’ 라는 말을 하기에는
우리네 인생은 너무 많은 변수를 가지고 있다.

_글로리아 스완슨

열정은
스파크 자체다

Seize the day, Make your lives extraordinary.
현재를 즐겨라. 자신의 삶을 잊려지지 않는 것으로 만들어라.

_〈죽은 시인의 사회〉

◆

과거도 미래도 믿을 수 없다.
세계를 움직이는 것은
바로 지금이라는 일순간이며,
그것은 열정이 부딪쳐 일으키는 스파크 그 자체다.
나는 과거를 되살리지 않고,
미래를 기대하지 않고,
현재를 울려 퍼지게 해야 한다.

_〈냉정과 열정사이〉

세상은
한 권의 책이다

The world is a beautiful book.

But of little use to him who cannot read it.

세상은 한 권의 아름다운 책이다.

그러나 그 책을 읽을 수 없는 사람에게는 별 소용이 없다.

_카를로 골도니

◆

스스로를 감동시킬 만큼 최선을 다해본 사람은 안다.

행복이 무엇인지.

행복은 보이는 것이 아니라 느껴지는 것이니까.

다른 사람은 몰라도 본인은 안다.

정말로 최선을 다 했는지.

결과가 무엇이든

최선을 다했노라는 사실을 깨닫는 순간 눈물이 난다.

그리고 마음속에서는만족 그리고 감동의 물결이 출렁인다.

추억은 삶을 지탱해주는
지지대 역할을 한다

낮은 하늘, 높은 하늘. 넓은 하늘, 좁은 하늘.
파란 하늘, 시커먼 하늘. 맑은 하늘,
뿌연 하늘.
그러나 어느 하늘도 하늘임에는 변함이 없다.
그것이 머리 위에 있으므로
나는 안심하고 살아갈 수 있는 것이다.
_에쿠니 가오리

◆

인간은 추억을 그리워하고
추억은 힘들고 아플 때
삶을 지탱해주는 지지대 역할을 한다.

스스로의
날개를 펼쳐라?

우리는 모두 저마다의 날개를 가지고 있다.
날개의 모양은 다르지만 그저 짐이라고 생각했던
날개를 펼치는 날 우리는 하늘을 날 수 있다.
_구본형 〈마지막 수업〉

◆

삶은 단답형이 아니라 서술형이다.
서두르지 말고 긴 호흡으로 문제를 풀어가라.
이루고 싶은 꿈을 꾸며 행동으로 실천하라.
'보여주기 위한' 것이 아니라
'스스로' 가 행복한 삶을 살라.

멈추지 말고
날갯짓을 하라

우리는 끊임없이,
과거로 떠밀려가면서도,
앞으로 계속 나아가는 것이다.
_영화 〈위대한 개츠비〉

◆

세상을 향해 푸른 날갯짓을 하라.
세상은 나를 아프게 하는 것보다
나를 기쁘게 하는 것이 여전히 많다.
무엇을 하든 절박함으로 행동하라.
못 이룰 것도 없고 도전 못할 것도 없다.
보이는 것 너머에는
항상 새로운 기회가 존재한다.
멈추지 말고 날갯짓을 하라.

넘어진 그자리가
당신의 전환점이다

A life with a purpose, that is the purpose of life.
목적 있는 삶. 그것이 바로 인생의 목적이다.

_로버트 본

◆

지금 걸려 넘어진 그자리가 당신의 전환점이다.
전환점이란 단지 살짝 변화만 주는 그런 차원이 아니야.
지금까지 달려오던 것과는 전혀 다른 쪽으로,
완전히 방향을 틀어야 할 지점이지.
그 속에는 우리의 숨은 능력을 이끌어낼 수 있는,
엄청난 힘이 들어 있어.

_〈하워드의 선물〉

기회를
이용하라

A minute's success pays the failure of years.
단 1분의 성공은 몇 년 동안의 실패를 보상한다.
_로버트 브라우닝

◆

기회가 가까이 오면 우리는 그걸 이용해야 한다.
기회가 우리를 도우려 할 때
우리도 기회를 도와 할 수 있는 모든 일을 해야 한다.
그것을 은혜의 섭리라고 하거나
'초심자의 행운' 이라고도 부른다.
_파울로 코엘료 〈연금술사〉

과정이 즐거운
삶을 살라

Better the last smile than the first laughter.
처음의 큰 웃음보다 마지막의 미소가 더 좋다.

◆

최고도 좋지만 최선을 다한다면
최고가 아니어도 괜찮다.
과정이 즐거웠으면 그만이다.
단 하나인 나를 믿고 꾸준히 나아간다면
나를 위한 해는 반드시 뜰 테니까.

간절히 바라고
최선을 다하라

In the morning of life, work; in the midday,
give counsel; in the evening, pray.
인생의 아침에는 일을 하고,
낮에는 충고하며, 저녁에는 기도하라.

_영어 명언

◆

이 세상에는 위대한 진실이 하나 있어.
무언가를 온 마음을 다해 원한다면,
반드시 그렇게 된다는 거야.
무언가를 바라는 마음은
곧 우주의 마음으로부터 비롯된 때문이지.
그것을 실현하는 것이
이 땅에서 자네가 맡은 임무라네.

_파울로 코엘료 〈연금술사〉

두려움을
극복하라

Think like a man of action and act like man of thought.
행동하는 사람처럼 생각하고, 생각하는 사람처럼 행동하라.
_영어 격언

◆

꿈을 이루지 못하게 만드는 것은
오직 하나,
실패할지도 모른다는 두려움일세.
_파울로 코엘료 〈연금술사〉

신념을
가져라

무엇인가 되고 싶다면
신념을 갖는 일이 그 첫걸음이다.
신념을 갖자.
반드시 이루겠다는 신념을 갖자.
신념은 나의 사고에 생명을 주고 힘을 준다.
신념은 과학으로도 풀 수 없는 기적을 부른다.
신념은 나를 절망에서 끌어내 주는 마법의 약이다.
신념은 나의 고정관념을 파괴하는 다이너마이트다.
나는 이제 신념을 가졌다.
그러므로 무서운 것은 아무것도 없다.
우주의 모든 것은 내 편이다.

_나폴레온 힐 〈놓치고 싶지 않은 나의 꿈 나의 인생〉

내일은 내일의 태양이 뜬다

내일은 내일의 태양이 뜬다.
After all, tomorrow is another day.
_영화 〈바람과 사라지다〉

◆

이날을 보라.
여명이 밝아 오는 아침
이날이야말로
솟구치는 생명의 날 오늘의 짧은 항로 안에
그대 존재의 모든 진실과 현실이 담겨 있나니
성장의 환희,
행동의 영광,
성공의 화려,
어제는 꿈에 지나지 않고
내일 또한 환상에 지나지 않는다.
그러나 충실히 지낸 오늘은
어제도 행복한 꿈이라 생각하고
내일은 희망에 찬 환상이라 생각한다.
그대여, 이날을 기억하라.
이것이야말로 여명을 향한 인사다.
_나폴레온 힐 〈놓치고 싶지 않은 나의 꿈 나의 인생〉

때로는 흔들릴 때가 있습니다

삶에 대한 가치관이 우뚝 서 있어도 때로는 흔들릴 때가 있습니다. 가슴에 품어 온 이루고 싶은 소망들을 때로는 포기하고 싶을 때 가 있습니다. 긍정적이고 밝은 생각으로 하루를 살다가도 때로는 모 든 것들이 부정적으로 보일 때가 있습니다.

완벽을 추구하며 세심하게 살피는 나날 중에도 때로는 건성으로 지나치고 싶을 때가 있습니다. 포근한 햇살이 곳곳에 퍼져 있는 어 느 날에도 마음에서는 심한 빗줄기가 내릴 때가 있습니다.

따스한 사람들 틈에서 호흡하고 있는 순간에도 문득, 심한 소외감 을 느낄 때가 있습니다.

행복만이 가득 할 것 같은 특별한 날에도 홀로 지내며 소리 없이 울고 싶은 날이 있습니다.

재미난 영화를 보며 소리 내어 웃다가도 웃음 끝에 스며드는 허탈 감에 우울해질 때가 있습니다.

자아도취에 빠져 스스로 만족감 중에도 자신의 부족함이 한없이 느껴질 때가 있습니다.

호흡이 곤란할 정도로 할 일이 쌓여 있는 날에도 머리로 생각할 뿐 가만히 보고만 있을 때가 있습니다.

내일의 할 일은 잊어버리고 오늘만 보며 술에 취한 흔들리는 세상 을 보고픈 날이 있습니다.

늘 한결 같기를 바라지만 때때로 찾아오는 변화에 혼란스러운 때 가 있습니다.

한 모습만 보인다고 하여 그것만을 보고 판단하지 마십시오.

흔들린다고 하여 곱지 않은 시선으로 바라보지 마십시오.

사람의 마음이 늘 고요하다면 그 모습 뒤에는
분명 숨겨져 있는 보이지 않은 거짓이 있을 것입니다.
가끔은 흔들어 보며 때로는 모든 것들을 놓아 봅니다.
그러한 과정 뒤에 오는 소중한 깨달음이 있습니다.
그것은 다시 희망을 품은 시간들 입니다
다시 시작하는 시간들 안에는 새로운 비상이 있습니다.
흔들림 또한 사람이 살아가는 한 모습입니다.
적당한 소리를 내며 살아야 사람다운 사람이 아닐까요.

지치고 힘들 땐
가슴이 향하는 곳으로 떠나라

떠나라, 떠나서 잠시 쉬어라.
그래야 다시 돌아와서 일할 때 더
분명한 판단을 내리게 될 것이다.
쉬지 않고 일을 계속 하다보면
판단력을 잃게 되리니 조금 멀리 떠나라.
그러면 하는 일이 좀 작게 보이고,
전체가 한눈에 들어오면서
어디에 조화나 균형이 부족한지
더욱 자세하게 보일 것이다.

_레오나르도 다 빈치

◆

익숙한 일상이 지치고 힘들 땐
가슴이 향하는 곳으로 훌쩍 떠나라
여행은 일상에서 멀어지는 것이 아니라
더 깊숙이 파고들기 위함이다
여행은 청춘에게 배움의 시간이고
나이든 사람에겐 추억의 시간이다

원하는 것을 이루려면
자신을 믿어라

가난과 부는 절대로 타협할 수 없는 관계다.
부를 얻고 싶다면 가난과 통하는 모든 것을 거부해야 한다.
부로 가는 첫걸음은 소망을 갖는 것이다.
마음속으로부터 진지하게
부를 구하는 사람에게만 부가 주어진다.
"부를 얻는 데 의심을 가진 사람에게
부가 찾아올 리 없다."라는 말처럼
부를 얻을지 어떨지는 그 마음에 따라 결정된다.
부는 당신 자신이 결정하는 것이며,
그러한 마음 상태도 당신 자신이 만들어 내는 것이다.
_나폴레온 힐 〈놓치고 싶지 않은 나의 꿈 나의 인생〉

◆

원하는 것들을 이루려면
힘들다거나 귀찮다는 생각을 해서는 안 된다.
기적과 성공은 '있다'고 확신하는 사람에게 찾아간다.
조금이라도 마음 한구석에서 망설임을 허락한다면
기적 같은 성공은 만날 수 없다.
굳게 믿어라. 그리고 주저 없이 행동하라.

자신과
경쟁하라

남이 아닌 자신의 과거와 경쟁하라.
자기 자신과의 경쟁은 적을 만들지 않고,
스스로 나아가는 방식이다.
승리하면 스스로 기뻐할 수 있고
아무에게도 상처주지 않으며
모든 이의 찬사를 받을 수 있다.
_〈나는 이렇게 될 것이다〉

◆

인생에서 가장 중요한 순간은
바로 '지금'이고
가장 소중한 사람은
지금 '나와 함께 있는 사람'이고
가장 귀한 일은
지금 '내가 하는 일'이다.

문제를 푸는 열쇠는 반드시 있다

When you put No in reverse, it becomes On.
every problem has its key.
노^{NO}를 거꾸로 하면 온^{ON}이 된다.
어떤 문제든 반드시 푸는 열쇠가 있기 마련이다.
_노먼 V. 필

◆

'자살'을 거꾸로 읽으면 '살자'가 되고.
'역경'을 거꾸로 읽으면 '경력'이 되고
'인연'을 거꾸로 읽으면 '연인'이 되고
'금지'를 거꾸로 읽으면 '지금'이 되고
'문전박대'를 거꾸로 읽으면 '대박전문'이 되며
'내 힘들다'를 거꾸로 읽으면 '다들힘내'가 된다.
살면서 어려운 일을 만나면
눈앞에 캄캄해지기도 하지만
이렇게 뒤집어 생각하는 역발상의 지혜를 발휘하면
어려운 일을 헤쳐 나갈 용기를 얻게 된다.

두려움 때문에 망설이지 마라

두려움과 불안과 망설임 때문에
모든 것을 향해 등을 돌려 버리면,
새로운 기회는 싹이 잘려
다시는 이 세상에 얼굴을 내밀지 못할 것이다.
후회만으로는 끝나지 않을 것이다.

_에쿠니 가오리

◆

쉬운 길을 선택하기 시작하면
쉬운 길로만 가려고 할 것이고
곧 거기에 익숙해지고 만다.
상처를 입더라도 한계를 뛰어넘는 순간
최고의 쾌락과 자신감을 안는다.
망설이지 말고 한계를 넘어라.

공감을
찾아라

사소한 차이가
마음을 움직인다.
사소한 것을
절대로 무시하지 마라.
_〈사랑할 때 알아야 할 59가지〉

◆

우리는 사랑과 인생을 말하기 전에,
'공감'에 대해 알 필요가 있다.
왜냐하면 어떤 식으로 사랑을 표현하든,
사랑의 근간이 되는 것은 공감이기 때문이다.
이 '공감'의 메커니즘은
우리와 닮은 사람들에게 더 쉽게 공감하도록 만든다.
_〈인생은, 단 한 번의 여행이다〉

가난하게 죽는 것은
당신 책임이다

If you born poor, it's not your mistake.

But if you die poor, it's your mistake

가난하게 태어난 것은 당신 잘못이 아니다.

그러나 가난하게 죽는 것은 당신 책임이다

_빌 게이츠

◆

살면서 배고프지 않고 살아가는 사람은 없다.

어떤 이는 돈에 배고프고 어떤 이는 명예에 배고프다.

어떤 이는 권력에 배고프고 또 어떤 이는 사랑에 배고프다.

이 세상을 살면서 배고프지 않고 사는 사람은 아무도 없다.

배고픔을 벗어나기 위해서 걷고 뛰고 달린다.

행복은 게임이고 미션이다

매일 아침, 눈을 뜰 때마다 이렇게 말해보는 것도 좋을 것이다.
'눈이 보인다. 귀가 들린다.
몸이 움직인다. 기분도 나쁘지 않다.
고맙구나! 인생은 아름다워.'

_쥘 르나르

◆

행복

사랑하는 것은 사랑을 받느니보다 행복하나이다.
나는 에메랄드 빛 하늘이 환히 내다뵈는 우체국 창문 앞에 와서 너에게 편지를 쓴다. 행길을 향한 문으로 숱한 사람들이 제각기 한 가지씩 생각에 족한 얼굴로 와선 총총히 우표를 사고 전보지를 받고 먼 고향으로 또는 그리운 사람께로 슬프고 즐겁고 다정한 사연을 보내니. 세상에 고달픈 바람결에 시달리고 나부끼어 더욱 더 의지 삼고 피어 헝클어진 인정의 꽃밭에서 너와 나의 애틋한 연분도 한 방울 연련한 진홍빛 양귀비꽃인지도 모른다.
사랑하는 것은 사랑을 받느니보다 행복하나니라.
오늘도 나는 너에게 편지를 쓰나니 그리운 이여, 그러면 안녕!
설령 이것이 이 세상 마지막 인사가 될지라도 사랑하였으므로
나는 진정 행복하였네라.

_유치환

행복한 나날이란

정말로 행복한 나날이란
멋지고 놀라운 일이 일어나는 날이 아니라
진주알들이 하나하나 한 줄로 꿰어지듯이,
소박하고 자잘한 기쁨이
조용히 이어지는 날들인 것 같아요.
즐기겠다고 결심하면
대체로 언제든 즐겁게 할 수 있어요.
즐겁지 않은 일은 언제든 불쑥 찾아오지만,
즐거운 일은 결심하지 않으면 찾아오지 않아요.

아침은 어떤 아침이든 즐겁죠.
오늘은 무슨 일이 일어날지
기대하고 상상하는 여지가 충분히 있으니까요.
앨리자가 말했어요.
세상은 생각대로 되지 않는다고.
하지만 생각대로 되지 않는다는 건 멋진 것 같아요.
생각지도 못한 일이 일어난다는 거니까요.

_⟨빨강머리 앤⟩

실패를 부르는 7가지 행동

'감사합니다.' 라고 말할 수 없을 때,
사람의 성장은 멈춰 있다.
성장하고 있을 때,
사람은 타인의 훌륭함이 보이기 때문이다.
성장이 멈추면
남의 결점만이 눈에 들어오기 때문이다.

_이케다 다이사쿠 〈인생은 아름답다〉

◆

1. 책임은 다른 사람에게 떠넘긴다.
2. 말만 번지르르하다.
3. 구체적인 목표도 없다.
4. 쉬운 길, 편안한 길만 찾는다.
5. 협력자가 없다.
6. 적은 돈을 소홀히 여긴다.
7. 너무 빨리 포기한다.

내일 7
용기와 힘,
그리고 나를 바꾸는
지혜의 말

당신의 젊음은
당신의 믿음의 깊이에 비례하며,
당신의 늙음은
당신의 의혹의 깊이에 비례한다.
당신의 젊음은
당신의 자신감의 강도에 비례하며,
당신의 늙음은
당신의 공포심에 비례한다.
당신의 젊음은
당신의 희망에 비례하며,
당신의 늙음은
당신의 절망에 비례한다.
나이는
당신의 피부에 주름살을 더해 주지만
정열을 포기할 때는
당신의 혼에 주름살이 지고 만다.
_더글러스 맥아더

유익한 벗, 해로운 벗

공자께서 말씀하셨다.
유익한 벗이 셋이 있고
해로운 벗이 셋이 있다.

정직한 사람을 벗하고,
신의가 있는 사람을 벗하고,
견문이 많은 사람을 벗하면 유익하다.

위선적인 사람을 벗하고,
아첨 잘하는 사람을 벗하고,
말만 잘하는 사람을 벗하면 해롭다.

_공자

◆

내일, 내일은 늦으리.
행복하리로다.
있으면서도 오늘을 내 것이라고 말한 사람은,
마음 편히 그렇게 말한 사람은.
내일은 최악의 것일지라도
오늘의 삶을 내가 누리었나니.

_로마의 시인 호라티우스

스승

세 사람이 걸어가면,
반드시 나의 스승이 있다.

그 중 두 사람은
나의 스승으로 삼을 수 있다.

한 사람이
좋은 말과 행동을 한다면
그것을 배울 것이고,
다른 한 사람의
말과 행동이 옳지 못하다면
그렇게 하지 않으려고 거울로 삼을 것이다.
_공자

◆

무거운 포도송이일수록 아래로 늘어진다.
_탈무드

세 가지 길

세 가지 길에 의하여
우리는 진리에 도달할 수가 있다.

그 하나는 사색에 의해서이다.
이것은 가장 높은 길이다.

둘째는 모방에 의해서이다.
이것은 가장 쉬운 길이다.

그리고 셋째는 경험에 의해서이다.
이것은 가장 고통스러운 길이다.

_공자

◆

내일 무엇을 할까를 너무 많이 고민하지 마라.
내일 무엇을 할까를 너무 많이 꿈꾸지 마라.
내년에 무슨 일을 얼마나 잘 해낼까를
너무 많이 꿈꾸지 말라.
내일의 기회를 빌릴 필요가 없다.
오늘이 여기에 있다.

지금 게으른 자는 영원히 게으를 것이다.
생이 다할 때까지 만일 그대가 보다 슬기롭게,
보다 선량하게 살 필요를 느끼거든 오늘 시작하라.

지혜를 얻는 방법

지혜를 얻는 데는 세 가지 방법이 있다.

첫 번째 방법은 사색에 의한 것으로, 가장 고상한 방법이다.

두 번째는 모방으로 가장 쉬우나 만족스럽지 못한 방법이다.

세 번째는 경험을 통해 얻는 방법으로 가장 어려운 것이다.

_공자

◆

사람이 인생에서 무엇이든 덜고 줄이면
그만큼 세속적인 속박에서 벗어나 자유를 얻게 된다.

만일 사귐을 줄이면 시끄러움을 면할 수 있고,
말을 줄이면 잘못이 적어지며,
생각을 줄이면 정신이 소모되지 않고,
총명함을 줄이면 본성(本性)을 보전할 수 있다.

그러나 사람들이 덜어내고 줄이기는커녕
날마다 더하기를 원하는 것은
스스로의 삶을 속박하는 것이다.

_채근담

기억을 잃는다는 것?

그래, 과거는 아플 수 있지.
하지만 너는 그것으로부터
도망칠 수도 있고, 배울 수도 있어.
_ 영화 〈라이언 킹〉

◆

잊는다는 건 슬픈 일이지.
나도 정말 많은 것을 잊어버렸어.
기억이란, 다시 한 번 그 순간을 살아보는 거야.
머릿속에서 말이지.
기억을 잃는다는 건
그 옛 나날들을 두 번 다시 살아볼 수 없다는 거야.
인생 그 자체가 손가락 사이로 줄줄 흘러버리는 것처럼.
_영화 〈지금 만나러 갑니다〉

좋은 인간이 되려고 노력하라

좋은 일을 하려고 하기보다는 차라리 좋은 인간이 되려고 노력해
야 한다. 자신을 빛내려고 생각하기보다는 차라리 더러움 없는 인
간이 되려고 노력해야 한다.
인간의 영혼은 유리 그릇 속에 살고 있는 것이다.
인간은 그 그릇을 더럽힐 수도 있고, 또 깨끗이 보관할 수도 있다.
유리그릇이 더럽혀지지 않을수록 진리의 빛은 유리에 비쳐 투명하
게 빛나는 것이다.
즉, 자기 자신을 위해서, 또는 남을 위해서 빛나는 것이다.
그러므로 인간에게 가장 중요한 것은 내면적인 것이며,
자기의 그릇을 더럽히지 않도록 하는 것이다.

항상 자기를 더럽히지 않도록 하라.
그러면 당신 자신의 발끝까지도 밝아질 것이고,
더불어 남의 발밑도 비추게 될 것이다.

_톨스토이

인생에는 그 어떤 것보다도 소중한 사람들이 있다.
그 소중한 사람이 누구인지 찾아내는 건 온전히 각자의 몫이다.
만약에, 세상의 그 모든 것. 다른 모든 걸 포기하고 평생을 배 위에
서 보내야 한다면 곁에 있어야 하는 사람은 누구일까?
그 이름을 떠올려 보고 그들이 얼마나 소중한지 꼭 알려줘야 한다.
당신의 그 소중한 사람들을 찾아내는 일이 너무 늦지 않길 바란다.

_영화 〈타임 투 러브〉

어른들은 숫자를 좋아한다?

어른들은 숫자를 좋아한다.
새로 사귄 친구들에 대해 이야기를 하면
어른들은 가장 중요한 말을 묻지도 않는다.
"그 애의 목소리는 어떠니?
어떤 놀이를 가장 좋아하지? 나비 채집도 하니?" 대신
어른들은
"그 애는 몇 살이지? 몸무게는 얼마나 되니?
그 애 아버지는 돈을 잘 버시니?"라고 물어 댄다.
어른들은 이런 숫자들로만
그 애가 어떤 아이인지 다 아는 것처럼 생각한다.
어른들에게
"장밋빛 벽돌로 지어졌고, 창문에는 제라늄 꽃이 피었으며,
지붕에는 비둘기들이 앉아 있는 아름다운 집을 보았어요." 라고
말하면 그들은 그런 집에 대해서는
전혀 관심이 없는 것같이 보인다.
그러나 "2만 달러짜리 집을 보았어요." 라고 말하면
그들은 "정말 굉장한 집이구나!" 라고 감탄할 것이다.

_생텍쥐페리

돕고 주되 변명하지 마라

진실된 말은 수식이 없고,
수식이 있는 말은 진실성이 없다.
착한 사람은 변명을 하지 않고,
변명을 잘하는 사람은 착하지 않다.
아는 사람은 박식하지 못하고,
박식한 사람은 알지 못한다.
성인은 쌓아 두는 일이 없다.

이미 가진 것을 남을 위해 쓰지만
그럴수록 자기 것은 더욱 늘어난다.
이미 가진 것을 남에게 주지만
그럴수록 자기 것은 더욱 많아지게 된다.
하늘의 도는 이롭게 하고
해를 끼치는 일이 없으며,
성인의 도는 돕기만 하고
남과 다투지 않는다.

_노자

기억되고 싶은 사람

I' d rather die tomorrow than

live a hundred years without knowing you.

당신을 모르고 100년 사는 것보다는

당신을 알고 지금 죽는 게 제일 나아요.

_〈포카혼타스〉

◆

마지막 노래는 슬프다.

나는 마지막 노래가 나오기 전에 극장을 나온다.

그러면, 영화는 영원히 끝나지 않는다.

_영화 〈어둠속의 댄서〉

먼저 양보하라

세상을 살아 나가는 데는 한 걸음 양보하는 것을 높게 여기며,
한 걸음 물러나는 것은 곧 나아가는 바탕이 된다.

또한 사람을 대우하는 일에 있어서는
조금 너그럽게 대하는 것이 복이 되며,
남을 이롭게 하는 것이 사실은 자신을 이롭게 하는 바탕이 된다.

_채근담

◆

어느 경건한 사나이가 랍비에게 말했다.
"나는 신을 칭송하기 위해 내 능력의 범위 내에서
할 수 있는 한 모든 노력을 다해 왔습니다.
그러나 지금 되돌아보면 나는 아무런 진보도 이루지 못했습니다.
나는 이전과 조금도 달라지지 않은
하찮은 사나이로 무지의 덩어리입니다."
랍비는 이것을 듣고 기뻐했다.
"당신에게 천 번의 축복이 내리시옵기를.
당신은 전과 다름없는 하찮은 사람이고
아직도 무지의 덩어리라고 말하셨습니다.
당신은 커다란 예지를 배웠습니다.
그것은 겸손입니다."

_탈무드

가진 것에
감사하라

추위에 떨지 않고 갈증과
굶주림으로 고통 받고 있지 않다면
그것으로 충분합니다.

만일에 등이 굽지 않았고,
두 발로 걸어 다닐 수 있다면,
두 팔을 사용할 수 있다면,
두 눈으로 볼 수 있다면,
두 귀로 들을 수 있다면
당신은 누구도 부럽지 않습니다.

왜 우리는 다른 것들을 부러워하면서
우리가 가지고 있는 것에 대해서는
소홀히 하는 것입니까?
눈을 바로 뜨고 마음을 비워보십시오.
그리고 당신을 사랑하십시오.

_솔제니친

영혼을
잃지 마라

그들은 내 눈을 앗아 갔지만 나는 밀턴의 천국을 기억합니다.
그들은 내 귀를 앗아 갔지만 베토벤이 나를 찾아와
내 눈의 눈물을 닦아 주었습니다.
내 혀도 앗아 갔지만
나는 어렸을 적 하느님께 감사드렸습니다.

그분은 그들이 내 영혼을 앗아 가는 것을
허락하지 않으셨습니다.
그리고 나는 영혼을 잃지 않았기에,
그 모든 것을 가진 것이나 마찬가지입니다.

_헬렌 켈러

◆

죽은 뒤엔 천 개의 바람이 되고,
눈 위의 반짝임이 되며,
곡식 위로 내리쬐는 햇빛이 되고,
고요한 아침 부드럽게 내리는 가을비가 되며,
새들의 날갯짓이 되고,
나는 별빛이 되는 것.

_인디언 잠언

행복과
불행

인간은 아무리 슬픔에 차 있어도
어떤 심심풀이에 마음이 끌리면 그 동안만은 행복하다.
또 인간은 아무리 행복하다 하더라도
권태가 마음속에 자라는 것을 막기 위한
어떤 정욕이나 오락에 의해 심심풀이를 하든가,
그 외의 일을 잊어버리곤 하지 않는다면
얼마 안 가서 우울해지고 불행하게 될 것이다.

_파스칼

◆

"해야 하는데. 꼭 해야 하는데……." 라고
수백 번 말해봐야 실천하지 않으면 기회는 달아난다.
얼마 후 "했어야 했는데……." 라며 후회할 뿐이다.
"내가 할 수 있을까, 늦지 않았을까" 라며
자신을 폄하하지도 늦었다고 단정 짓지도 마라.
꿋꿋이 도전하라.
행여, 실패하더라도 '과정의 만족' 이라는 보상은 찾아온다.

이성
이란

이성은
보통 합리성과 동의어로 쓰여진다.
그러나 이성은
감각의 가장은 증거를 표시해야 할 것이며,
인간의 오랜 역사가 흐르는 가운데 발달된
모든 과정과 본능의 증거임을 표시해야만 한다.

이성은
어떤 특정한 목표,
또는 관심의 대상을 향해서
안배되고 배열된 지각의 총량이다.
_리드

◆

머릿속이
복잡해질 때는 그저 '예스' 나
'노' 로 대답하는 것이 최선이다.
_〈마법의 순간〉

이해한다는 것은

사물을 이해한다는 것은
우선 그 속으로 뛰어 들어갔다가
나중에 다시 거기서 탈출하는 것을 의미한다.
그리하며 포로가 되었다가 나중에 석방되고,
매혹되었다가 각성하고, 정신없이 골몰했다가
나중에 냉정해짐이 필요한 것이다.
지금도 골몰하고 있는 자는
그런 경우를 당하지 못한 자처럼
그 일에 적당한 자격을 가지지 못한다.
우리는 우선 그것을 믿고
다음에 잘 생각한 일만은 언제든지 잘 알고 있는 것이다.
이해하기 위해서는 자유로움이 필요하다.
그러나 그것보다도 먼저
그 일에 사로잡히지 않으면 안 된다.
흔히 우리는 격정과 활동을 혼동하고
인내와 비활동을 혼동한다.
그러나 이것은 오해다.
인내는 힘을 요구하지만
격정은 약자와 극기심 결핍의 증거다.
격정은 해 갈수록 약해지지만
습관은 해 갈수록 강해진다.

_에이브리

바닷가에서

진주 따는 사람은 진주를 찾아 물속으로 뛰어듭니다.
장사꾼은 배를 타고 항해를 떠납니다.
하지만, 어린이들은 조약돌을 주워 모았다가는 다시 흩어 버립니다.
그들은 숨어 있는 보화를 찾지도 않습니다.
그물을 어떻게 던지는지도 모릅니다.
바다는 깔깔거리며 물결치고, 바닷가의 웃음은 어렴풋이 빛납니다.
죽음을 거래하는 물결은 어린이들에게 알지도 못할 노래를 불러 줍니다.
마치 아기의 요람을 흔드는 어머니와도 같습니다.
바다는 어린이들과 놉니다. 바닷가의 웃음이 어렴풋이 빛납니다.
무한한 세계의 바닷가에 어린이들이 모입니다.
폭풍은 길없는 하늘에서 방황하고,
배들은 자취 없는 물속에서 깨어집니다.
죽음은 물결치며 퍼져 가고, 어린이들은 놀고 있습니다,
무한한 세계의 바닷가에 어린이들의 커다란 모임이 있습니다.

_타고르

인간은 온갖 성질의 싹을 가지고 있다

이 세상에 가장 널리 퍼져 있는 미신의 하나는,
인간은 저마다 일정한 성질을 가지고 있다는 것이다.
즉, 선한 자, 악한 자, 영리한 자, 어리석은 자, 근면한 자,
태만한 자 등 여러 사람이 있다는 것이다.
그러나 인간을 그렇게만 말해 버릴 수는 없다.
우리네 인간들은 나쁜 점보다 좋은 점이 많다든가,
어리석기보다 영리한 경우가 더 많다든가,
냉정하기보다는 정력적인 경우가 많다든가
또는 그 반대로 말할 수도 있다.
우리는 인간을 언제나 이렇게 구분하고 있다.
이것은 그릇된 일이라 아니할 수 없다.
인간은 강과도 같은 것이다.
물은 어느 강에서든, 어디를 흘러가도 역시 같은 물이요,
강에는 빠른 것도 있고 넓은 것,
고요한 것, 찬 것, 흐린 것, 따뜻한 것도 있다.
인간은 이런 것이다.
인간은 누구나 자신 속에서
인간으로서의 온갖 성질의 싹을 지니고 있으며,
어느 경우에는 하나의 성질이 나타나고
다른 경우에는 또 다른 성질이 나타나는 법이다.
그래서 같은 사람이지만 가끔 전혀 다른 성질이 나타나곤 하는 것
이다. 어떤 사람에게는 이런 경우가 몹시 심한 경우가 있다.

_톨스토이

훌륭한 사랑이란

훌륭한 사상은 역시 훌륭한 인격에 담긴다.
작은 그릇에는 작은 음식밖에 담기지 않듯이,
인격이 작고서는 큰 사상이 담길 도리가 없다.

작으나 크나 어떤 사상이란
그 사람의 인격을 토대로 세워진 하나의 건축이다.

일하는 것은
모든 사람에게 있어서 소중한 것이다.
그것은 사람에게 혜택을 주기 때문이다.
아이들에게 아무 일도 가르치지 않고 또 시키지 않음은
그 아이들로 하여금 장래에 약탈할 준비를
미리 시키는 것과 다름이 없는 일이다.

_탈무드

항상 절제하는 사람이 되라

전쟁터에서 싸워 수많은 사람을 이기기보다
자기 자신을 이기는 사람이
가장 뛰어난 승리자다.

자기 자신을 이기는 일은
남을 이기는 일보다 뛰어난 것,
그러니 자신을 억제하고
항상 절제하는 사람이 되라.

이와 같은 사람의 승리는
그 누구도 꺾어 물리칠 수 없다.
신도 건달바도 악마도 또한 브라흐만 까지도.

_법구경

◆

분노는
남에게 던지기 위해 뜨거운 석탄을 손에 쥐는 것과 같다.
결국 상처를 입는 것은
나 자신이다.

_석가모니

최고의 일인자란

문제는 지위가 아니다.
제일 높은 지위를 차지하는 자가
제일 많은 역할을 하는 경우는 거의 드물다.
아니,
그런 사실조차 깨닫지 못하는 바보들일 경우가 많다.
얼마나 많은 왕이 대신에게,
얼마나 많은 대신이 비서에게 지배당해왔는가.
그 경우 누구를 일인자라 할 수 있는가.

다른 사람을 관찰하고,
그들의 힘과 열정을 자신의 계획 실행을 위해
이용할 수 있을 만한 위력과 책략을 가진 자가
바로 일인자라고,
나는 생각한다.

_괴테

생의 성숙은
천천히 이루어지는 것이다

사람의 나이는 깊은 인상을 주는 법이다.
나이는 그의 전 생애를 요약하는 것이니까,
인생의 성숙은 천천히 이루어지는 것이다.

그것은 많은 장애물을 극복하고 나서,
대단한 중병을 치르고 마음의 고달픔을 겪고 나서,
수없이 실망을 겪고 나서, 대부분은 의식하지 못하는
수많은 위험의 고비를 넘기고 나서 이루어지는 것이다.

그것은 그처럼 많은 욕망과 후회와 망각과
사랑을 거쳐서 이루어지는 것이다.

_생텍쥐페리

◆

믿음이 있으면 젊다는 것이고 의혹이 있으면 늙었다는 것이다.
자신이 있으면 젊다는 것이고
두려움이 있다는 것은 늙었다는 것이다.
희망이 있다는 것은 젊다는 것이고
절망이 있다는 것은 늙었다는 것이다.

세월은 당신의 피부를 주름지게 하는 것에 불과하지만
열정을 잃으면 영혼이 늙은 것이다.

_장옌

우리의
한계

우리의 재산은 우리의 한계가 된다.
재산을 모으는 데 열중한 사람은
사리私利만이 자꾸 부풀어 가니까
정신적 세계를 향한 이해의 문을 통과해 갈 수가 없다.
이 정신적 세계는 완전 조화의 세계다.
따라서 그러한 사람은 자기의 한정된 취득물의
좁은 장벽 안에 갇혀 있는 것이다.

_타고르

◆

세상의 소란함과 서두름 속에서 너의 평온을 잃지 말라.
침묵 속에 어떤 평화가 있는지 기억하라.
너 자신을 포기하지 않고서도
가능한 한 모든 사람과 좋은 관계를 유지하라.
네가 알고 있는 진리를 조용히 그리고 분명하게 말하라.
다른 사람의 얘기가 지루하고 무지한 것일지라도
그것을 들어주라.
그들 역시 자신들만의 이야기를 갖고 있으므로.
소란하고 공격적인 사람을 피하라.
그들은 정신에 방해가 될 뿐이니까.

_네루다

'나' 라는
의미

오래 살게 되면
인간은 저절로 몇몇 단계를 거치게 된다.

즉, 갓난아기에서 어린이,
다음은 어른,
그리고 노인이 되는 것처럼 ,
그러나 인간은 어떤 단계를 지나더라도
스스로를 가리켜 언제나 '나' 라고 지칭한다.

그리고 이 '나' 라고 하는 것은
그 인간에게 있어 어떤 경우에도 동일하다.
유년기, 성년기, 노년기 그 어느 때라도
똑같은 '나' 가 존재한다.

그리고 이 변하지 않는
'나' 야 말로 우리가 영(靈)이라 불러야 할 대상이다.

_톨스토이

한 걸음 물러서서
자기를 돌아볼 필요가 있다

병들어 누워 보고 비로소 건강의 고마움을 알고,
난세를 당해보고 비로소 평화의 고마움을 알아서는
민첩하다고 할 수 없다.
건강할 때 건강의 고마움을 모른다는 것도 불행한 일이며,
평안할 때 평화의 고마움을 깨닫지 못하는 것도 불행한 일이다.

사람은 잠시 한 걸음 물러서서 자기를 돌아볼 필요가 있다.
행복을 찾아 달리다가는
도리어 불행을 불러온다는 것을 깨달아야 한다.
자기만은 언제까지나 살 것이라고 생각하는 것도
일종의 생명을 탐하고 파먹는 것이 된다.
이 점을 깨닫는 것이 인생의 가장 높은 지식이다.

_채근담

지옥이란

지옥이란 사람이 어리석을 때입니다.
지옥이란 사람이 노예일 때입니다.
지옥이란 자유가 없고 정의가 지켜지지 않을 때입니다.
사람이 평등하지 못할 때 그것이 바로 지옥입니다.

그리고 악마라 할 때 그것이 바로 지옥입니다.
그리고 악마란 우리에게서 정의를, 평등을,
민권을 빼앗아 가는 사람입니다.

악마가 어떠한 사람인지 더 설명할 필요는 없겠습니다.
여러분이 더 잘 알고 계십니다.

_말콤 엑스

약속할 수 있는 것

행동은 약속할 수 있으나 감정은 약속할 수가 없다.
감정에는 의지가 없기 때문이다.
누구에겐가 언제까지나 사랑하겠다든가,
언제까지나 증오하겠다든가,
언제까지나 충실하겠다고 약속하는 것은
자기의 힘이 미치지 않는 일을 약속하는 것이다.
그러나 그와 같은 행도에 대해서라면 약속할 수도 있다.
그 행동은 통상 애정, 증오, 충실의 결과이지만,
다른 동기에서 생겨날 수 있다.
동일한 행동으로 가는 길이나 동기들은 얼마든지 있기 때문이다.
그러므로 누군가를 언제까지나 사랑한다는 약속은
내가 그대를 사랑하고 있는 한은
그대에게 행동으로 표시할 것이고
내가 그대를 사랑하지 않는 경우에도 다른 어떤 동기에 의하든
그대는 역시 변함없는 같은 행동을
나로부터 받을 것이라는 의미인 것이다.
이렇게 해서 다른 사람들이 누군가에게
영원한 애정을 맹세하는 사람이 있다면
그것은 애정을 보이는 데 있어서의
영원을 맹세하는 것이 된다.

_니체

인간이기 때문에

인간이기 때문에 내가
이 세상에서 할 수 있는 놀라운 일들이 너무나도 많습니다.
꽃향기를 맡을 수 있고요, 껴안을 수도 있고,
데굴데굴 구를 수도 있어요.
피곤할 때는 잠을 잘 수도 있고, 손을 잡을 수도 있어요.
풍선껌 다섯 개를 한꺼번에 씹을 수도 있고요.
넘어져도 울지 않고,
창밖을 내다보고, 코뿔소가 있다고 믿을 수도 있어요.
풍선껌 다섯 개를 한꺼번에 씹을 수도 있고요,
넘어져도 울지 않고, 창밖을 내다보고,
코뿔소가 있다고 믿을 수도 있어요.
나무 위로 올라갈 수도 있고, 풀밭위에 누울 수도 있어요.
오렌지를 빨아먹거나, 산을 오르거나,
시냇물이 흘러가는 소리를 들을 수도 있지요.
빗방울을 헤아릴 수도 있고, 웃을 수도 있고,
부드러운 것을 느낄 수도 있어요.
손가락으로 코를 만질 수도 있어요. 장난칠 수도 있고,
행복을 느낄 수도 있고, 노래 부를 수도 있어요.
태양이 떠오르는 것을 보고, 행복한 생각에 잠길 수도 있어요.
나는 이 모든 일을 사랑할 수 있어요.
아니 더 많은 일들을 나는 할 수 있어요.
내가 인간이기 때문에! 우리가 인간인 것이 위대하지 않나요?

_레오 버스카글리아

사람의 소유욕

책상이 있으면
의자가 있어야겠다고 생각하게 된다.
책상과 의자가 있으면
이제 서재가 있어야겠다고 생각한다.
그리고 그 다음에는
집이 있어야겠다고 생각한다.

집이 있으면 큰 건물을 가지고 싶고
큰 건물을 가지면 왕이 되고 싶어 한다.
왕이 되면 하늘의 뜻을 거역하고
계속해서 영토를 확장하고 싶은 욕망이 생긴다.

사람의 소유욕,
그것은 무엇을 가지건 늘 부족하게 느끼는 것이다.

_프랜시스

사람에게
중요한 것은

사람에게 중요한 것은 내가 무엇을 알아야 하는가가 아니라
내가 무엇을 해야 하는가를 뚜렷하게 정립하는 것이다.

인생에 있어 가장 중요한 일은 나 자신을 아는 것이며,
세상이 내가 어떤 일을 하기를 진정으로 바라는지를 아는 것이다.

그리고 내가 무엇을 위하여 살고
무엇을 위하여 죽어야 하는지를 정확하게 아는 것이다.

_키르케고르

◆

비누는 쓸수록 물에 녹아 없어지는
하찮은 물건이지만 때를 씻어낸다.
물에 녹지 않는 비누는 결코 좋은 비누가 아니다.
사회를 위하여 자신을 희생하려는 마음이 없고
몸만 사리는 사람은 녹지 않는 나쁜 비누와 같다.

_존 워너메이커

배우는 사람,
배우지 않는 사람

나는 이 세상을 강자와 약자,
성공한 사람과 실패한 사람으로 나누지 않는다.
나는 이 세상 사람들을 배우는 사람과
배우지 않는 사람의 두 부류로 나눈다.
세상에는 배우는 사람들,
자신의 주변에서 일어나는 모든 일들을
하나하나 살피며 관찰하고
겸허한 자세로 받아들이는 사람들이 있다.

이 사람들은 한번 저지른 실수는
여간해서는 다시 저지르지 않는다.
조금이라도 의미 있는 일을 했을 경우,
다음에는 지금보다 더 잘하려고 노력한다.
중요한 것은
성공했느냐, 실패했느냐가 아니라
배우는 사람이냐, 배우지 않는 사람이냐는 것이다.

_파스칼

기분 좋은 생활을
만들고 싶다면

기분 좋은 생활을 만들고 싶다면,
이미 끝난 일로 끙끙대지 말 것.
분별없이 한 언행에 화내지 말 것.
언제나 현재를 즐길 것.
특히 사람을 미워하지 말 것.
미래의 일은 신에게 맡길 것.

_괴테

◆

적당히 사는 일은 스스로를 천천히 죽이는 행위이다.
힘과 마음을 다하라.
좋은 결과 뿐 아니라 자기 자신을 홀대하지 않기 위해서.
게으르거나 적당히 하는 행위는 자기를 업신여기는 일이다.
자신의 행위에 가치도 의미도 갖지 못하는 것이야말로
스스로를 천천히 죽이는 일이다.

_니체 〈우상의 황혼〉

인생의 목적은
전진이다

인생의 목적은
끊임없는 전진에 있다.
앞에는 언덕이 있고, 시내가 있고, 진흙도 있다.
걷기 좋은 반반한 길만 있는 것은 아니다.

먼 곳으로 항해하는 배가
풍파를 만나지 않고 조용히만 갈 수는 없다.
풍파는 언제나 전진하는 자의 벗이다.

차라리 고난 속에 인생의 기쁨이 있다.
풍파 없는 항해! 얼마나 단조로은 것인가.
고난이 심할수록 내 가슴은 뛴다.

_니체

가끔 죽음에 대해
생각하라

그대의 죽음은
우주의 질서 가운데 한 토막이다.
세계의 생명의 한 부분이다.
죽음이 어디서 우리를 기다리고 있는지 알 수 없으므로
어디서든지 그것을 맞이할 준비를 갖추자.

미리 죽음을 생각해 두는 것은
자유를 예상하는 것이다.
죽기를 배운 자는 노예의 마음씨를 씻어 없앤 자이다.
죽음을 알면
우리는 모든 굴종과 구속에서 해방된다.
생명을 잃는 것이 불행이 아님을 잘 이해한 사람에게는
이 세상에 불행이라는 것이 없다.
사람들에게 죽는 법을 가르치는 자는
그들에게 사는 법을 가르치는 것이다.

_몽테뉴

행복한
지혜

인생에 있어서
어떤 주의 목표를 향하여
맞게 나아가는 의지력이 필요한 반면
이미 지나간 일에 대한 체념이란 것이 절대 필요하다.

힘차게 나아갈 때 나아가고
물러설 때 물러설 줄 아는 것이
인생의 가장 행복한 지혜이다.

어느 정도 성공한 사람이 어떤 실수나 실패로 해서
몸을 망치는 것은 그것에 대해서 너무 상심하기 때문이다.
체념이 행복의 중요한 조건임을 잊지 말라.

_러셀

길 떠나기 전에
깊이 생각하라

어떤 인생이든 인생은 인생이다.
자신의 가슴에서 울려 나오는
소리를 따라 인생을 걸어가는 사람은
아무리 비참한 삶을 살지라도 그 삶은 천한 것이 아니다.

인생의 모든 길을 주의 깊게 살펴라.
인생의 여로를 떠나기 전,
자신이 꼭 그 길을 걸어가야 하는지 깊이 생각하라.
그러고 나서 마지막으로 자신에게 한 가지 질문을 해보라.

이 길이
과연 자신의 가슴이 걸어가라고 재촉하는 길인가를.
만약 그렇다면 그 길은 옳은 길이다.
그렇지 않다면 그 길은 잘못된 길이다.

_돈 후안

인생은
상점이야

인생은 커다란 상점 같은 것이다.
오른쪽과 왼쪽에는 카운터가 각각 하나씩 있다.
오른쪽 카운터에는 '행복' 이라는 커다란 간판이 붙어 있고,
그곳을 찾는 사람들을
기분 좋게 해주는 생각들을 살 수 있는 곳이다.
또 왼쪽 카운터에는 '불행' 이라는 간판이 붙어 있고,
그곳을 찾는 사람들을 기분 나쁘게 하는 생각을 살 수 있다.
그 둘 중에서 어느 쪽을 선택하느냐는 우리들의 몫이다.
자기 스스로 어느 쪽 카운터에서 살 것인가를 결정해야 한다.
무엇을 생각하고 어떻게 느끼는가는 자신이 결정하는 것이다.
결국 인생은 자기 자신의 몫이다.

_미리암 레빗

희망이란
말

잠시 멈춰 서서 생각해 보기 바란다.
당신에게 하루하루 살아가는
활력을 주고 있는 것은 무엇인가.
고통스러울 때도, 괴로울 때도,
이를 악물고 살아갈 수 있는 이유는 무엇인가.
고통스러운 일이 그리 오래 지속되지 않는다고
믿게 하는 것은 무엇인가.
그것은 단지 두 글자로 이루어진 말,
실패를 성공으로 이끌고,
나약한 병을 고치고, 약함에서 일어서게 하는,
밑바닥을 알 수 없는 가능성을 간직한 말,
두 자로 된 가장 좋은 말, 그렇다.
그것은 바로 '희망' 이다.

_노먼 빈센트 필

이 순간 진정으로
행복하십니까?

당신은 지금 이 순간 진정으로 행복하십니까?
그 옛날 어린 시절의 세월을
더듬어 보아야 행복을 찾을 수 있습니까?
그렇다면 지금 행복을 느끼십시오.
행복이 있을 때 그것을 두 팔로 감싸 안으십시오.
그리고 삶이 당신을 위해
특별히 마련해 둔 것들을 즐겁게 받아들이십시오.
진한 커피, 알맞게 구어진 토스트,
황금물결이 굽이치는 밀밭과 아름다운 석양,
당신에게 주는 칭찬의 말,
항상 금덩어리를 찾아야 한다고
스스로를 제약하지 마십시오.
그 일은 곧 피곤해지고 삶을 지루하게 만드니까요.
다만 당신의 눈앞에 펼쳐진
작은 금싸라기를 즐기며 사십시오.

_마고

시련과 장애물이
나의 인생이라는 사실을

오랫동안 나에게는
진짜 인생이 곧 시작될 것만 같이 보였습니다.
하지만 언제나 그 앞에는 장애물이 놓여 있었고
먼저 통과해야만 할 무언가가 있었습니다.

미처 끝내지 못한 사업이나
시련의 시기, 갚아야 할 빚 등.
이순간만 지나면
진짜 인생이 시작되리라 기대했습니다.
그러나 결국 나는 깨달았습니다.
바로 이러한
시련과 장애물이 나의 인생이라는 사실을.

_알프레드 디 수자

어쨌든
인생을 즐겨라

6시 5분에 일어나는 것을 그만두고
5시 6분에 일어나 보아라.
새벽녘에 산보도 하고,
출근길을 나설 때 가끔은 다른 길로 가 보아라.
이번 주 토요일엔
아내와 집안일을 바꾸어서 한번 해 보아라.
들판에 핀 꽃을 연구해보고,
혼자서 밤을 꼬박 새워 책을 읽어 보기도 하고,
맹인에게 나지막이 책을 읽어 주기도 해 보아라.
머리를 염색한 여자가 몇 명인지 헤아려도 보고
지방 신문도 구독해 보아라.
이태리어 회화 공부도 해 보고 아이들에게
당신이 가장 잘 알고 있는 것을 가르쳐 주어라.
쉬지 않고 2시간 동안 모차르트의 음악도 감상해 보고
마구 몸을 흔드는 에어로빅도 해 보아라.
정해 놓은 일상의 틀에서 가끔 벗어나 보아라.
어쨌든 인생을 즐겨 보아라.
인생이라는 길은
누구나 한 번 밖에 지나갈 수 없음을
꼭 기억하면서 말이다.

_벤자민 프랭클린

진정한
승리자란

스스로 졌다고 생각하면,
당신은 반드시 질 것이다.
스스로 용기가 없다고 생각하면,
당신은 반드시 비겁해질 것이다.
이기고 싶지만 이길 수 없다고 생각한다면,
당신은 반드시 지고 말 것이다.
삶의 모든 과정에서 성공은
강렬한 의지에서 시작된다는 것을
당신은 알게 될 것이다.
모든 것은 자신의 마음에 달려 있는 것이다.
스스로 다른 사람들보다 뛰어나다고 생각한다면
당신은 남보다 앞서 나갈 수 있다.
올라야 할 높은 산을 생각하면
어느새 당신이 깨닫기도 전에
이미 그곳에 올라가 있는 것을 느낄 수도 있을 것이다.
인생이라는 전쟁에서는 언제나
더 강하고 더 빠르고 더 힘센 사람이 이기는 것은 아니다.
이 전쟁에서의 진정한 승리자는
스스로 할 수 있다고 굳게 믿는 사람이다.

죽기 전에 하고 싶은
리스트를 만들어라

당신은
당신이 죽기 전에 하고 싶은 일을 적은
비밀 리스트를 만들어 두어라.
그것을 지갑 깊숙이 넣어 두고 가끔씩 꺼내 보아라.

예를 들면, 풍선 기구타기, 뗏목 타고 강을 여행하기,
농어 낚시하기, 타지마할 관광하기, 만리장성 올라 보기,
아름다운 일몰의 광경 지켜보기, 해안선 따라 걸어보기,
찬 맥주 마시기, 사랑하는 사람과의 키스 등

당신의 삶에서 누릴 수 있는 즐거움을 잊지 마라.
할 수 있는 모든 다양한 경험을 해 보아라.
결코 일 속에 자신을 묶어 두지 마라.

_톰 존슨

인생
이란

누군가에게 인생은 쓰다.
누군가에겐 인생이 달다.
누군가에게 인생은 시다.
누군가에겐 인생은 느끼하다.
누군가에겐 인생은 맵다.
누군가에겐 인생은 새콤하다.
누군가에게 인생은 달콤하다.
그 이유는
자기 스스로가 인생을 그렇게 요리하고 있기 때문이다.

_톨스토이

인생의
가치

인생의 가치는
시간의 길이가 아니라
그것을 사용하는 방법으로 결정된다.

지나간 뒤
되돌릴 수 없는 불행을 후회하는 것은
다시 불행을 불러오는 지름길이다.

_셰익스피어

인생은
일방통행

인생은 일방통행으로 이어진 길이다.
뒤로 가거나 옆으로 가는 길은 없다.

일단 이 사실을
있는 그대로 깨닫고 받아들여라.
그렇게 하면 인생은 생각보다 간단하다.

내가 지금 가지고 있는 것,
내가 지금 처해 있는 상황,
그리고 내가 지금까지 이룩해 놓은 것을 가지고
인생이라는 무대에서
최선을 다하는 수밖에 없지 않은가.

_데일 카네기

자신을 극복하는 것이
남을 이길 수 있다

사람은
먼저 자기 자신을 통솔할 줄 알아야 한다.
자기 한 몸을 통솔하지 못하고
어떻게 남을 통솔할 것인가.

노여움,
그 밖의 격렬한 폭발적인 감정 따위는
모두 자기를 통솔하지 못한 증거이다.

삶은 남한테 저항하기보다
먼저 나 자신에게 저항해야 한다.
나 자신을 극복하는 것이 남에게 이기는 길이다.
_힐티

생명이 긴 일은
그만큼 준비도 길다

오랫동안 땅 위에
엎드려 있던 새가 한번 날면 높이 난다.
사람도 이와 같이 힘을 기르는 기간이 길면 길수록
한번 일어서면 힘차게 활약하게 된다.
먼저 핀 꽃은 먼저 진다.
남보다 먼저 공을 세우려고 조급히 서둘 것이 아니다.
생명이 긴 일은 그만큼 준비도 길어야 한다.
쉬워 보이는 일도 해 보면 어렵다.
못 할 것 같은 일도 시작해 놓으면 넘어가진다.
쉽다고 얕볼 것이 아니고,
어렵다고 팔짱을 끼고 있을 것이 아니다.
쉬운 일도 신중히 하고
곤란한 일도 겁내지 말고 해 보아야 한다.

_채근담

오늘 그대가
한 일을 기억하라

황혼이 지는 저녁 무렵
오늘 그대가 한 일을 기억해 보라.
그리고 생각하고 찾아보라.
듣는 이의 마음을 편하게 해준
따스한 행동과 한마디 말을.
햇살 같은 친절한 한 번의 눈짓을.
그렇다면 그대는 오늘 하루를 잘 보냈다고
말할 수 있으리라.

하지만 긴긴 하루를 보냈음에도
'예', '아니요' 라는 대답만을 할 정도로
활기 없이 지냈다면,
하루 종일 얼굴에 햇살을 비춰 준
흔적이 남을 만한 아무 일도 하지 않았다면,
하나의 영혼을 도와주는
아주 작은 일 하나도 하지 않았다면.
그날은 차라리 없었던 날보다
더 나쁜 날이었다고 하리라.

_조지 엘리엇

행복을
만들어 주는 것

사람은 행복이란 게
저 멀리 있는 것이라고 생각해.
어떤 복잡하고 얻기 힘든 걸로.
하지만
비가 내릴 때 비를 피할 수 있는 곳.
외로울 때 읽을 책 한권,
자기가 사랑하는 사람과 함께 있을 수 있다는 것,
그런 것들이 행복을 만들어주는 거야.

_베티 스미스

즐겁게,
행복하려고 노력하라

나이든 사람의 조언을 친절히 받아들이고
젊은이의 말에 기품을 갖고 따르라.
갑작스런 불행에 자신을 지킬 수 있도록
정신의 힘을 키우라.
하지만 상상의 고통들로
너 자신을 고통스럽게 하지는 말라.
두려움은 피로와 외로움 속에서 나온다.
건강에 조심하되
무엇보다도 너 자신을 괴롭히지 말라.
너는 우주의 자식이다.
그 점에선 나무와 별들과 다르지 않다.
넌 이곳에 있을 권리가 있다.
너의 일과 계획이 무엇일지라도
인생의 소란함과 혼란스러움 속에서
너의 영혼을 평화롭게 유지하라.
부끄럽고, 힘들고, 깨어진 꿈들 속에서도
아직 아름다운 세상이다.
즐겁게 살라. 행복하려고 노력하라.

_네루다

당신을 가로막은 것은
당신 이었다

삶이 힘든 것이 아니라
나 자신이 힘든 것이다.
어려움에서 나를 구출해내는 것도,
곤경에 빠뜨리는 것도 나 자신이다.
진정한 의미에 나를 방해할 수 있는 사람은 아무도 없다.
뭐가 일이 풀리지 않는다고 생각될 때에는
자신이 했던 말과 행동을 추적해 보아라.
그러면 알게 될 것이다.
항상 당신을 가로막은 것은 당신이었다.

_알플레드 아들러

반성하고
또 반성하라

세상에 태어나서
한 번도 좋은 생각을 갖지 않은 사람은 없다.
다만 그것이 계속되지 않았을 뿐이다.
어제 맨 끈을 여미어야 하듯 사람도
그가 결심한 일은 나날이 거듭 여미어야 변하지 않는다.
사람은 가끔 맹렬한 불길같이 노여움에 사로잡히고
가마솥의 끓는 물같이 욕정이 치받치는 순간이 있는데,
이러한 때 우리는 자신도
그것을 분명히 알면서도
한편으로 그것을 누르고자 한다.
이때 용기를 내어
맹렬히 같은 힘으로써 자신을 반성한다면,
불길 같은 노여움도 물리칠 수가 있고
끓는 물 같은 욕정도 물리칠 수가 있는 것이다.
그러한 찰나 사람이 돌아서서 반성하지 않기 때문에
자신을 망치고 마는 것이다.
이때 반성한다면
불길 같은 노여움과 끓는 물같은 욕정은
홀연 변하여 나를 보호하는
참된 자세로 돌아오는 것이다.

_채근담

자신을 의지할
자기의 세계

사람은 자신을 의지할 자기의 세계를 가지고 있어야 한다.
자기의 마음속에 그리고 있는 자기의 세계에 충실하였느냐,
충실치 못했느냐가 늘 문제이다.
사람에게 가장 슬픈 일은
자기가 마음속에 의지하고 있는 세계를 잃어버렸을 때이다.
나비에게는 나비의 세계가 있고
까마귀에게는 까마귀의 세계가 있듯이,
사람도 각자 자기가 믿는 것에
정신적 기둥이 될 세계를 가지고 있어야 한다.
만약 당신이 당신의 마음이 아닌 다른 곳에서 헤매고 있거든
다시 자기의 세계로 돌아가야 한다.

_헤겔

두 가지
소리

우리의 내부에는 늘 두 가지의 소리가 있다.
하나는 마음에서 나오는 소리,
다른 하나는 육체에서 나오는 소리이다.
양심은 마음에서 나오는 소리이며,
정욕은 육체에서 나오는 소리이다.
육체의 소리는 쾌락을 찾고,
마음의 소리는 의무를 찾는다.
육체의 소리는 물질을 탐하고,
마음의 소리는 맑고 깨끗한 것을 원한다.
육체의 소리는 거칠고 빡빡하지만,
마음의 소리는 부드럽고 연하다.
육체의 소리는 악의 뒷골목으로 가자고 하고,
마음의 소리는 밝은 큰 길로 가기를 원한다.

_루소

소유

무엇을 소유하고 있다는 것은,
물체가 영속적이고 파괴될 수 없다는
환상에 근거를 두고 있다.
내가 모든 것을 가지고 있는 것처럼 보일지라도
실제로 나는 아무것도 가지고 있지 않다.
내가 어떤 물체를 보유, 소유, 지배한다는 것은
삶의 과정 중의 찰나적 순간에 불과하기 때문이다.

_에릭 프롬

자유와 평등

사람은 배고픈 것을 싫어하지만
그에 못지않게 남에게 얽매이는 것을 싫어한다.

거지로 배를 곯더라도
감옥에서 배불리기를 원하는 자는 없다.
심히 배가 고픈 순간에는
자유를 팔아서라도 목숨을 이어가려 하지만
한 끼 밥을 먹고 나면 자유를 원하는 것이다.

평등도 그러하다.
사람은 남의 밑에 있기를 괴로워한다.
지금은 낮은 데 있더라도
높이 올라갈 수 있다는 희망이 있어야 한다.
그래서 모든 폭동이나 혁명은
자유와 평등을 얻으려는 데서 온다

_이광수

최고의 선

최고의 선은 물과 같다.
물은 만물에 혜택을 주지만 남과 다투는 일이 없어서,
모든 사람이 싫어하는 낮은 곳에 즐겨 머문다.
그러므로 도에 가깝다 할 수 있다.

사는 데는 땅이 좋고, 마음은 깊은 것이 좋고,
사귀는 데는 인이 좋고, 말은 신의 있는 것이 좋고,
정치는 다스려져야 좋고, 일의 처리는 능숙한 것이 좋고,
행동은 시기에 맞는 것이 좋지만,
물처럼 겸허해서 다투지 않을 때, 비로소 허물이 없어진다.
_노자

의지한다는 것

사람은 본질적으로 무엇에 의지하고 싶어 한다.
혼자는 너무도 고독하기 때문이다.
어린아이들이
부모의 품안을 절대적 의지로 믿듯이
어른들도 그러한 품속에
그 마음을 의지하고 싶어 한다.
신은 어른들의 부모이다.

종교적인 신앙이 깊은 사람이 죽음
직전의 불안한 순간에도
태연할 수 있다는 것은
어린아이가 무서운 폭격이 와도
어머니 옆에 있으면
안정감을 느끼는 심리와 같다.

_로렌스

만물은 자연의 명령에 따라
진행되어 왔다

상실이란 변화의 한 종류일 뿐이다.
우주의 본성은 이러한 변화를 좋아하며,
그것에 순응하면 모든 일이 순조롭게 이루어진다.
세상에 생겨난 이래
만물은 자연의 명령에 따라 진행되어 왔다.
그리고 끊임없이 되풀이될 뿐이다.
그런데도 당신은,
지금까지 만물은 약한 것이었고,
또 앞으로도 악할 것이며,
많은 신들이
이러한 사물을 바로잡기 위해 노력했으나
모두 헛수고였으며,
세계는 끊임없는
악 속에 묻혀 있도록
운명지어졌다고 말할 수 있는가?

_마르쿠스 아우렐리우스

나는
오늘을 살았다

재산은 시기를 살 정도로 많지도,
경멸받을 정도로 적지도 않았으면 좋겠다.
명예는 위대한 업적이 아니라
오직 선함에 의한 명예를 조금 원한다.
나쁘게 알려지느니 차라리 알려지지 않는 편이 나은 법,
소문이 무덤의 아귀를 벌릴 수도 있는 것이다.
친구들은 필요하지만, 중요한 것은
그 수가 아니라 어떤 친구들이냐 하는 것이다.
낮에는 공무가 아니라 책이 함께하고
밤에는 죽음처럼 고요한 잠이 함께 해야 한다.
내 집은 궁전보다는 오두막집,
호화의 사치보다는 내 필요에 맞으면 그만이다.
내 정원은 인공보다는 자연의 손으로 그려져
사빈의 들판에서 호라티우스도 부러워할 즐거움을 낳는다.
그렇게 해서 나는 삶을 두 배로 살겠다.
잘 달리는 사람은 두 배로 달릴 수 있는 법,
그리고 이 참된 기쁨, 이 자연의 즐거움,
이 행복 속에서 나는 운명을 두려워하지도,
욕심내지도 않고, 매일 밤 담대하게 말하리라
내일 나의 태양이 빛을 환하게 비추든
구름 속에 감추든 상관없다, 나는 오늘을 살았다, 라고.

_에이브러햄 카울리

세 종류의
사람

사람은 오직 세 종류가 있을 따름이다.

하나는 신을 찾고 그 신께 봉사하는 사람,

다른 하나는 신을 찾을 수도 없고
또 찾으려고도 하지 않는 사람들이다.
이런 사람들은 지혜도 없고 또 행복하지도 않다.

셋째는 신을 찾아낼 능력은 있으나
찾으려고 하지 않는 사람들이다.
이 사람들은 지혜가 있을지 몰라도 아직 행복하지는 않다.

_파스칼

고통이
찾아올 때

고통을 겪을 때마다 이렇게 생각하라.
'그것은 수치가 아니며,
나의 정신에 해를 입히는 것도 아니다.
정신이 합리적이고 사회적인 한,
결코 고통에 의해 손상되지 않는다.'
모든 고통에는 반드시 한계가 있고,
상상으로 과장하지 않으면 결코 참을 수 없는 것도 아니며,
영원히 계속되는 것도 아니다.
또한 우리를 불쾌하게 만드는 것들,
이를테면 아주 피곤하다거나, 더위에 시달린다거나,
식욕 부진 등도 사실은 고통의 일종이라는 것을 명심하라.
다만 당신이 깨닫지 못하고 있을 뿐이다.
고통이 닥쳤을 때 불평하고 싶은 마음이 드는 것은,
당신이 그 고통에 굴복 당했다는 것이다.

_마르쿠스 아우렐리우스

내일 8
이 또한
지나가리라.
This too shall pass away.

인생의 스승은 시간이다

인생의 스승은 책을 통해서 배운다고 생각했는데
살아갈수록 그게 아니라는 생각이 든다.
언제나 나를 가르치는 건 말없이 흐르는 시간이었다.
풀리지 않는 일에 대한 정답도 흐르는 시간 속에서 찾게 되었고
이해하기 어려운 사랑의 메시지도 거짓 없는 시간을 통해서 찾았다
언제부턴가 흐르는 시간을 통해서 삶의 정답을 찾아가고 있다
시간은 나에게 스승이다
어제의 시간은 오늘의 스승이었고
오늘의 시간은 내일의 스승이 될 것이다
_김정한

창조의 과정에
흔들림과 시련을 만납니다

The longest way must have its close,

the gloomiest night will wear on to a morning.

아무리 먼 길도 반드시 끝이 있고

아무리 어두운 밤도 동이 트게 되어 있다.

_해리엇 비처 스토

◆

배고픔이 욕망을 부르고 욕망이 창조를 낳습니다.

창조의 과정에 흔들림과 시련을 만납니다.

시련의 강도가 강할수록

시련의 시기가 길수록

욕망은 진지해지고

삶은 단단해질 만큼 성숙됩니다.

중요한 것은
이 순간에 일어나는 일입니다

이곳으로 오면서 나는 내 운명을 테려왔네.
운명이 나를 데려온 것이 아니네.
인간은 자기가 선택한 대로만 행동하네.

_〈그리스인 조르바〉

◆

새 길을 닦으려면 새 계획을 세워야지요.
나는 어제 일어난 일은 생각 안 합니다.
내일 일어날 일을 자문하지도 않아-요.
내게 중요한 것은 오늘,
이 순간에 일어나는 일입니다.

기회다 싶으면
죽을힘을 다해 잡아라

그토록 바라던 일이라면
허락이 떨어지기를 기다리지 말고
지금 당장 저지르세요.
후회는 내일해도 늦지 않습니다.
_파울로 코엘류

◆

우연히 나를 찾아온 'happiness'는 어느 날 갑자기 'happening'으로 끝나버릴 수도 있다. 행복을 바라면서도 가만히 앉아 누가 행복을 가져다주기를 바란다면 오다가도 다른 곳으로 가버린다.
기회다 싶으면 죽을 힘을 다해 잡아라.

웃어라

웃어라,
온 세상이 너와 함께 웃을 것이다.
울어라, 너 혼자 울게 될 것이다.

◆

이 세상에 아프지 않은 사람은 없다.
몸이 아프지 않으면 마음이 아프다.
자세히 들여다보면
누구나 한 가지 아픔은 안고 살아간다.

그대, 지금 아픈가.
그렇다면 옆을 돌아보라.
그도 분명 아파하고 있을 것이다.
몸이든 마음이든 물질이든 목말라 아파하고 있다.
누구나 하나의 아픔을 안고
살아간다는 사실에 위안을 가져라.

빛의
출구를 찾아라

시련의 시간이 최악의 순간이기도 하지만
생각하기에 따라 시작의 순간이 된다.
단단한 마음을 가지면 시련은 곧 기회다.
시련을 견뎌내야 빛이 들어오는 입구가 보인다.
스스로 출구를 찾아야 한다.
그래야 당당히 어둠을 헤치고 나갈 수 있다.
스스로 나가야 우월한 자신감이 생긴다.
삶의 진정한 기쁨은
누구도 '할 수 없다'는 것을 내가 해내는 것이다.
지금 '어디서 왔는가'를 따지지 말고
앞으로 '무엇이 되어 어떻게 살 것인가'를 생각하라.
멀지 않은 곳에 목적지가 보일 테니.

삶을 여는
열쇠

좋은 일을 하는데
나중으로 미루는 사람은 그 기회를 놓치고 만다.
이것은 삶을 여는 열쇠 중의 하나이다.
나쁜 일을 하려고 할 때는,
잠깐 멈춘 후 그 일을 나중으로 미루어라.
그러나 좋은 일을 하고자 할 때는 멈추지 말고,
나중으로 미루지도 말라.
좋은 상념이 마음에 오면,
즉각 행동으로 옮기는 게 좋다.
왜냐하면 내일은 불투명하기 때문이다.

_오쇼 라즈니쉬

나중은
없다

당신의 꿈이 시들어가고 있다는
첫 번째 징후는
당신이 이런 말을 내뱉기 시작할 때 나타납니다.
"지금은 내가 너무 바빠서....."

_파울로 코엘류

◆

최악의 상황은 하루아침에 찾아오지 않는다.
게으름이 습관이 되면 만사가 귀찮아진다.
곧 실수가 반복이 되면 잘못이 되고
그 잘못이 반복이 되어 습관이 되면 실패가 된다.
거기에 익숙하게 길들여지면
나쁜 습관으로 이어져
어느 날 한꺼번에 폭발해 불행의 늪으로 빠진다.

자신을
안다는 것은

자신이 모른다는 것을 아는 사람은 똑똑하다.
자신이 현명하지 못하다는 것을 아는 사람만이 현명하다.
아무것도 모른다는 것은 부끄러운 일이 아니다.
그러나 아무것도 배우려 하지 않는다는 것은
부끄러운 일이다.

_소크라테스

◆

당신이 기다려온 마법의 순간은
바로 오늘입니다.
황금 마냥 움켜잡을 지 아니면
그냥 흘러가게 내버려둘지는
당신 마음먹기에 달렸습니다.

_파울로 코엘류

슬픔이라는
것은

Sometimes our fate resembles a fruit tree in winter.

Who would think that those branches would turn green again
and blossom,

but we hope it, we know it.

운명이 겨울철 과일나무 같아 보일 때가 있다.

그 나뭇가지에 꽃이 필 것 같지 않아 보여도,

그렇게 되기를 소망하고

또 그렇게 된다는 것을 알고 있지 않는가.

_괴테

슬픔은 어떤 행복도 전혀 내포하지 못하는 그런 깊이를 지닌다.

슬픔은 그 나름대로의 아름다움을,

깊고도 부드러운, 아주 부드러운 아름다움을 지닌다.

어떤 행복도 그런 요소를 지니지 못한다.

행복에서는 얄팍함이, 속된 양상이 드러난다.

슬픔은 어떤 행복도 따라오지 못한

그런 깊이와 보다 위대한 충만함을 지닌다.

_라즈니쉬

삶은 한 모금의
호흡에 지나지 않는다

어떤 것은 생존하기 위해 서두르고,
또 어떤 것은 그 존재에서 벗어나기 위해 서두른다.
어떤 사물은 이제 막 존재가 되어 가는 과정에 있고,
또 다른 것은 서서히 죽어 간다.
시간의 끊임없는 흐름이 무한의 시간을 항상 새롭게 만든다.
그렇다면 거칠게 굽이치는 이 흐름 속에서
눈앞을 스쳐 지나가는 삼라만상 속에서
인간은 무엇을 붙잡아야 하는가?
그것은 마치 눈앞에서 날아오르는
새 한 마리를 잡으려는 것과 같으나,
그 새는 순식간에 사라져 버린다.
인간의 삶은 한 모금의 호흡에 지나지 않는다.
왜냐하면 매순간 들이마신 공기를 다시 내뿜어야 하는 것처럼,
어제, 또는 그제, 당신이 태어날 때 받았던 모든 것을
그 근원으로 다시 되돌려 주어야 하기 때문이다.

_마르쿠스 아우렐리우스

운명은
스스로가 만드는 것

사람은 대개 자신의 운명을 스스로가 만들고 있다.
운명이란 외부에서 오는 것 같지만 알고 보면
자기 자신의 약한 마음, 게으른 마음,
성급한 버릇, 이런 것들이 운명을 만든다,
어진 마음, 부지런한 습관, 남을 돕는 마음,
이것들이야말로 좋은 운명을 여는 열쇠이다.
재미있지 않은가?
운명은 용기 있는 자 앞에서는 약하고,
비겁한 자 앞에서는 강하다는 사실이.

_세네카

다시 한 번
일어나라

불행의 원인은 늘 나 자신이다.
몸이 굽으니 그림자도 굽다.
어찌 그림자 굽은 것을 한탄할 것인가!
나 외에는 아무도 나의 불행을 치료해 줄 사람은 없다.
불행은 내 마음에 만드는 것과 같이 또 치료할 수 있을 뿐이다.
내 마음을 평화롭게 가져라!
그러면 그대의 표정도 평화롭게 밝아질 것이다.

_파스칼

◆

인생은 아직 끝나지 않았다.
새해는 새로운 기회와 새로운 시작과
다시 도전할 수 있는 또 다른 행운을 가져다준다.
다시 한 번 일어나라! 새로운 기회가 당신 앞에 열려 있다.

대여 받은 인생이다

There are no eternal strong ones nor eternal weak ones.
모든 것은 흘러간다.
영원한 강자도, 영원한 약자도 없다.

_한비자

◆

이 세상에 온전한 내 것은 영혼뿐이다.
때로는 그 영혼조차도 내 맘대로 할 수가 없다.
내 몸, 내가 가진 지위, 재능, 재산, 모두 잠시 빌렸을 뿐이다.
태어남도 죽음도 내 뜻대로 되지 않는다.
예정된 시간에 이 세상 머물다가
예정된 시간이 오면 다 그대로 두고 떠나야 한다.
대여 받은 인생, 결국 온전한 내 것은 아무것도 없다.
나의 주인도 내가 아니라는 것,
언젠가는 한 줌 먼지로 돌아가야 한다.
가난한 사람도 부유한 사람도
삶과 죽음은 내 뜻대로 할 수가 없다.
그래서 인생은 공평한 것이다.

무얼 할까' 로 망설이고 있다면

장미꽃이라 해서 모두 좋은 환경어서 피어나지는 않는다.
척박한 땅에서 피어나는 장미가 향기가 짙고 오래 산다.
최고의 셰프를 잘 들여다보면
손, 팔에 기름에 데이고
칼에 베인 상처가 수두룩하지만
그것이 아름답다고 말한다.
상처를 훈장 삼아
10년 20년 무명의 설움을 견뎌냈기에
최고의 셰프가 되었다.
꿈을 이룬다는 것은 땀과 정성,
아픔 뒤의 상처 그리고 기다림의 결실이다.
지금 자신을 탓하며 '무얼 할까' 르 망설이고 있다면
주저하지 말고 훌훌 털고 일어나라.
남은 삶을 위해 지금부터 당당히 도전하라.

나의 기도

사랑받고자 하는 욕구에서 나를 구하소서.
칭찬받고자 하는 욕구에서 나를 구하소서.
명예로워지고자 하는 욕구에서 나를 구하소서.
편애받고자 하는 욕구에서 나를 구하소서.
신뢰받고자 하는 욕구에서 나를 구하소서.
인정받고자 하는 욕구에서 나를 구하소서.
인기를 누리고자 하는 욕구에서 나를 구하소서.
굴욕에 대한 두려움에서 나를 구하소서.
멸시에 대한 두려움에서 나를 구하소서.
비난에 대한 두려움에서 나를 구하소서.
중산 모략에 대한 두려움에서 나를 구하소서.
잊혀지는 두려움에서 나를 구하소서.
오해받는 두려움에서 나를 구하소서.
조롱당하는 두려움에서 나를 구하소서.
배신당하는 두려움에서 나를 구하소서.
의심받는 두려움에서 나를 구하소서.
_마더 테레사

마음을 비워야 나아갈 수 있다

대나무는 속이 비었다.
그리고 마디가 있다. 그래서 저렇게 쭉쭉 뻗어 나갈 수가 있다.
지금 그 시련은 마디가 생기기 위한 시련이다.
더불어 그 시련을 통해 더욱 성장하기 위해서는
대나무 속처럼 마음을 비워 내야 한다.
_성철 스님

◆

괴로움에는 여러 가지 종류가 있다.
자기의 의무를 다하기 위한 괴로움이 있고,
운명과 싸우며 견디는 괴로움도 있다.
또 나쁜 유혹을 물리치려고 애쓰는 괴로움도 있고,
또 한 걸음 나아가서는 무엇인가 좋은 일을 하고
올바른 것을 지키기 위한 괴로움도 있다.
이 모든 괴로움은 신체에 양식이 필요하듯
우리의 정신에 양식이 될 수 있다.
편하기만을 원함은 영혼을 위태롭게 하는 결과가 될 것이다.
괴로움을 이겨 나가지 않고는,
사람은 스스로의 영혼을 구하지 못한다.

내일 9
너에게
달려있다.
It's up to you.

I Listen

I Listen to the trees, and they say

"Stand tall and yield.Be tolerant and flexible."

I Listen to the sky, and it says

"Open up. Let go of the boundariesand barriers. Fly."

I Listen to the sun, and it says:

"Nurture others.Let your warmth radiate for others to feel."

I Listen to the creek, and it says:

"Relax; go with the flow.Keep moving

— don' t be hesitant or afraid.I Listen to the small plants, and they say:

"Be humble. Be simple.Respect the beauty of small things."

자연이 들려주는 말

나무가 하는 말을 들었습니다.
"우뚝 서서 세상에 몸을 내맡겨라. 관용하고 굽힐 줄 알아라."
하늘이 하는 말을 들었습니다.
"마음을 열어라. 경계와 담장을 허물어라. 그리고, 날아올라라."
태양이 하는 말을 들었습니다.
"다른 이들을 돌보아라.
너의 따뜻함을 다른 사람이 느끼도록 하라."
냇물이 하는 말을 들었습니다.
"느긋하게 흐름을 따르라."
쉬지 말고 움직여라. 머뭇거리거나 두려워 말라.
작은 풀들이 하는 말을 들었습니다.
"겸손하라. 단순하라. 작은 것들의 아름다움을 존중하라."

_Chuck Roper

인생은 선택하는 것

인생은 태어남 Birth 와 죽음 Death 사이의? 선택 Choice이다.
_사르트르

◆

수많은 사람을 만날 것이다. 그리고 수많은 사람과 헤어질 것이다.
인간이란 헤어지기 위해 태어난 존재가 아닌가.
그 고통에서 도망치기 위해 모두 새로운 만남을 필요로 하고 있다.
_에쿠니 가오리 〈냉정과 열정사이〉

◆

인간은 아무리 잘난 척 해도 B (birth, 탄생)와
D (death, 죽음)사이에 갇힌 존재다.
다만 그 사이의 C (choice), 즉 현명하게 선택하는 것이 중요하다.
그러나 가장 중요한 것은 맨 앞에 있는 A (attitude)이다.
누구를 만나든, 무엇을 하든
태도가 삶의 질을 결정한다는 걸 잊지 마라.

흐르며 사라진다, 저 넓은 우주 속으로

시간은 흐른다.
그리고 추억은 달리는 기차 창밖으로 던져진 짐짝처럼 버려진다.
시간은 흐른다. 바로 어제처럼 느껴지던 일들이,
매 순간 손이 닿지 않는 먼 옛날의 사건이 되어
희미한 기억 저편으로 사라진다.
시간은 흐른다.
인간은 문득 기억의 원천으로 돌아가고 싶어 눈물 흘린다.

_에쿠니 가오리 〈냉정과 열정사이〉

◆

두려워 마라. 망설이지도 마라.
멋진 춤이든, 슬픈 춤이든
우리는 한 번의 공연만 허락된 존재다.
그리고 흐르며 사라진다, 저 넓은 우주 속으로,
사람들은 기억할 것이다, 이름 세 글자를,
그리고 추억할 것이다, 함께 보낸 시간들을.

흐르며 사라진다, 저 넓은 우주 속으로

기다림의 시간은
깨달음의 시간

사람은, 그 사람의 인생이 있는 곳으로
돌아가는 것이 아니다.
그 사람이 있는 장소에,
인생에 있다.

_에쿠니 가오리 〈냉정과 열정사이〉

◆

너무도 길게 느껴지는 시간,
그것은 깨달음의 시간이기도 하다.
기다림의 저 앞에 기다림을 받아들이는
현실이 있다는 것을 깨닫기 위해,
사람은 기다림의 시간에 몸을 담근다.

입장을 바꿔
생각해봐

영어에 이런 표현이 있다.
'Put yourself in my shoes.'
우리말로 '입장을 바꿔 생각해봐' 이다.
누군가에 대해 말을 할 때는 상대방의 입장이 되어
한참을 생각해 본 후에 말로 표현해야 한다.
말은 입에서 뱉는 순간 나의 약속이다.
뱉고 나서 후회해봐야 소용이 없고,
상처를 준 말은 부메랑이 되어 언젠가는 나에게 돌아온다.
말은 인생을 망칠 수도 빛나게 할 수 있는 양날의 칼과 같다.
현명한 대화는 말하기 전에 머릿속으로 정리를 하고 나서
영혼이 담긴 말을 뱉어야 한다.
말에도 분명 연습과 훈련이 필요하다.
말을 할까 말까 망설여지는 순간에는
침묵하는 게 정답이다.

결과에 따라
보상 받아라

시간이 아닌 결과에 따라 보상 받아라.
부자는 결과에 따라 보상받는 것을 선택한다.
가난한 사람은 시간에 따라 보상받는 것을 선택한다.
불편함을 느낄 때가 진정으로 성장할 수 있는 시간이다.
불편한 기분이 들 때,
불안하거나 두려워질 때,
안전을 찾아 움츠리고 후퇴하는 대신에 앞으로 밀고 나가라.
불편한 느낌을 인식하고 경험하라.
불편함을 이기고 끈기 있게 나갈 때
결국 목표에 도달할 수 있다.
당신의 마음은 당신 자신이 아니다 라는 사실을
꼭 알아야 한다.
당신은 그 마음보다 훨씬 위대하고 크다.
손이 당신의 일부일 뿐이다.
당신의 행복과 성공을 위해
마음을 관리하고 훈련시키는 기술이 최고의 기술이다.
힘을 빼앗는 생각도 무시하고
힘을 더해주는 생각에 집중하라.

_하브 에커

최고의
복수

Anyone who has never made a mistake
has never tried anything new.
실수를 저지른 적이 없는 사람은 새로운 것을
시도해본 적이 없는 것이다.

_알베르트 아인슈타인

◆

누구나 그렇다.
살다 보면 뜻하지 않게
배신이라는 무서운 화살을 맞을 때가 있다.
어떤 사람은 화살을 더 깊게 쑤셔 박아 죽도록 아파한다.
누구는 화살을 빼내 상처부위를 덧나지 않게 치유한다.
무작정 용서하는 사람도 있고
치열하게 복수의 칼날을 가는 사람도 있지만
무엇이든 쉽게 용서가 되지 않는다.
가장 현명한 선택은 무엇일까.
부러워 할 정도로 잘사는 것이다.
그것이 최고의 복수이다.

적당함을
유지하라

사람이 존경을 받으려면, 첫째 지성이다.
그러나 지성이 모자란다면 돈이 있어야 한다.
돈이 없다면 착한 아내가 있으면 결점을 숨길 수 있다.

_탈무드

◆

너무 똑똑하지 말고 너무 어리석지도 말라.
너무 똑똑하면 사람들이 너무 많은 것을 기대할 것이다.

너무 어리석으면 사람들이 속이려할 것이다.
너무 거만하면 까다로운 사람으로 여길 것이고,
너무 겸손하면 존중하지 않을 것이다.

너무 말이 많으면 말에
무게가 없어 믿으려 하지 않고,
너무 침묵하면 아무도 관심을 갖지 않을 것이다.

너무 강하면 부러질 것이고 너무 약하면 부서질 것이다.
너무 강하지도 약하지도 마라.

_페트리샤 스페다로 〈지금 네게 귀 기울일 때〉

도움을
원한다면

어리석은 자는 용서하지도 잊지도 않는다.

순진한 자는 용서하고 잊는다.

현명한 자는 용서하나 잊지는 않는다.

(……)

기억하라.

당신이 도움을 원한다면 그것은 당신의 팔 끝에 있다.

나이가 들면서 당신이 다른 손도 가지고 있음을 기억하라.

첫 번째 손은 당신을 돕기 위한 것이고

두 번째 손은 다른 사람들을 돕기 위한 것이다.

_나폴레온 힐 〈놓치고 싶지 않은 나의 꿈 나의 인생〉

거대한 강은
조용히 흐른다

너를 칭찬하고 따르는 친구도 있을 것이며,
너를 비난하고 비판하는 친구도 있을 것이다.
너를 비난하는 친구와 가까이 지내도록 하고
너를 칭찬하는 친구와 멀리하라.

_탈무드

◆

물의 교훈을 배워라
울퉁불퉁한 계곡과 협곡 속에서
시냇물과 폭포는 큰소리를 내지만
거대한 강은 조용히 흐른다.
빈 병은 소리가 요란 하지만
꽉 찬 병은 마구 흔들어도 소리를 내지 않는다.
바보는 덜그럭 거리는 냄비와 같고
현자는 고요하고 깊은 연못과 같다.

세 가지 방법으로

사람이 죽어서 신 앞에 갔을 때
가지고 갈 수 없는 것이 있다.
돈과 친구와 친척과 가족이 그것이다.
하지만 선행만은 가지고 갈 수 있다.

_탈무드

◆

오늘만은 세 가지 방법으로 내 영혼을 운동시키자.
남모르게 무언가 좋은 일을 해보자.
수양을 위해 적어도 두 가지는
자기가 하고 싶지 않은 일을 하자.
오늘만은 유쾌하게 지내자.
될 수 있는 대로 씩씩한 모습을 하고,
될 수 있는 대로 어울리는 복장을 하고,
조용히 이야기하고,
예의 바르게 행동하고,
마음껏 사람들을 칭찬하자.
그리고 남을 비난하지 말고,
꾀를 부리지 말고,
남을 탓하거나 꾸짖지 않도록 하자.

_나폴레온 힐 〈놓치고 싶지 않은 나의 꿈 나의 인생〉

Wanderung

Dem Andenken Knulps Sei nicht traurig, bald ist es Nacht,
Da sehn wiruber dem bleichen LandDen kuhlen Mond,
wie er heimlich lacht,Und ruhen Hand in Hand. Sei nicht traurig,
bald kommt die Zeit,Da haben wir Ruh. Unsre Kreuzlein stehen
Am hellen Strassenrande zu zweit,
Und es regnet und schneit,Und die Winde kommen und gehen.
_Hermann Hesse

방랑

슬퍼하지 말아라, 멀지 않아 밤이다.
그러면 우리는 창백한 들판 너머 싸늘한 달님이 미소 지으면
손과 손을 맞잡고 휴식하리니.
슬퍼하지 말아라, 멀지 않아 때가 온다.
우리는 안식하리니 우리의 십자가가 환한 길섶에 두 개 나란히 내리리라,
그리고 바람 또한 불어오고 불어가리라.

_헤르만 헤세

삶은 가꾸는 것

자기가 보는 것이 무엇인지 모른 채 막연히 바라보는 사람,
어디에 자기가 서 있는지 모른 채 우두커니 서 있는 사람,
그들은 불행하다.

_탈무드

◆

한 여인이 꿈을 꿉니다.
그 여인은 시장에 가서 새로 문을 연 가게에 들어갑니다.
가게 주인은 신입니다.
그 여인은 묻습니다.
"당신은 무엇을 팝니까?"
신은 대답합니다.
"당신의 가슴이 원하는 것은 무엇이든 팝니다."
그 여인은 인간이 바랄 수 있는 최고의 것을 사고자 합니다.
"마음의 평화와 사랑과 행복과 지혜,
그리고 두려움으로부터의 자유를 주세요."
신은 미소를 지으며 말합니다.
"미안하지만 가게를 잘못 찾으신 것 같군요.
부인, 이 가게에선 열매를 팔지 않습니다.
오직 씨앗만을 팔지요."

_틱낫한 〈마음에는 평화 얼굴에는 미소〉

놓아버리기

놓아버릴 수 있어야 합니다.
지금 머리를 가득채운 모든 지식,
지금 가슴에 품고 있는 모든 관념,
지금 세상을 바라보는 모든 관점,
손안에 이미 진실을 쥐고 있다 생각하는 한,
정신의 문은 닫혀 있습니다.
진실이 찾아와 문을 두드릴 때조차
들어오라 문을 열지 못합니다.
현재의 지식은 걸림돌이 됩니다
자유롭게 열린 정신은 앞을 향해 걷기 위한 디딤돌입니다.
지혜의 꽃이 활짝 피어나는 자리,
그곳은 바로 열린 마음,
자유로운 공간입니다.

_틱낫한 〈마음에는 평화 얼굴에는 미소〉

하나의 의미

한 곡의 노래가 순간에 활기를 불어 넣을 수 있다.
한 자루의 촛불이 어둠을 몰아낼 수 있고,
한 번의 웃음이 우울함을 날려 보낼 수 있다.
한 가지 희망이 당신의 정신을 새롭게 하고,
한 번의 손길이 당신의 마음을 보여줄 수 있다.
한 개의 별이 바다에서 배를 인도할 수 있다.
한 번의 악수가 영혼에 기운을 줄 수 있다.
한 송이 꽃이 꿈을 일깨울 수 있다.
한 사람의 가슴이 무엇이 진실인가를 알 수 있고,
한 사람의 삶이 세상에 차이를 가져다준다.
한걸음이
모든 여행의 시작이고 한 단어가 모든 기도의 시작이다.

_틱낫한 〈마음에는 평화 얼굴에는 미소〉

가족이란

Family isn't a word. It's a sentence.
가족은 단어가 아니고 문장이다.

_영어속담

◆

'가족'을 뜻하는 family는 분명 단어인데도
문장이라고 표현하는 이유는,
여러 개의 단어가 모여야 하나의 문장이 되듯,
가족도 구성원들의 한결같은 마음이 모여야
하나의 단단한 가족이 된다.
구성원 모두를 성장시키는 것이 가족의 역할이다.
아빠는 아빠의 자리를, 엄마는 엄마의 자리를,
자식은 자식의 자리를 지키며 책임을 다할 때
가족의 힘이 배가 된다.
책임과 의무를 다하며 지혜와 헌신적인 사랑으로
밀어주고 끌어줄 때 가정에는 행복의 꽃이 핀다.
소중한 가족을 최고로 만드는 방법은
서로를 위해 아낌없이 '사랑' 하고, 아낌없이 '배려' 하고
아낌없이 '희생' 하는 것이다.
행복한 가정에서 아버지는 아들의 미래이고
어머니는 딸의 미래가 된다.

멋진 사람

어진 아내는 그 남편을 귀하게 만들고
악한 아내는 그 남편을 천하게 만든다.
_〈명심보감〉

◆

세상에서 가장 현명한 사람은
모든 사람으로 부터 배우는 사람이며
세상에서 가장 사랑 받는 사람은
모든 사람을 칭찬하는 사람이고
세상에서 가장 강한 사람은
자신의 감정을 조절할 줄 아는 사람이고
세상에서 가장 멋진 사람은
이 셋을 고루 갖춘 사람입니다.

누구나
도움 받을 자격이 있다

누구나 도움 받을 자격이 있다.
우리 모두는 베푸는 법뿐만 아니라
받는 법도 배워야 한다.
베풂과 받음을 통해 배울 수 있는 가장 큰 교훈은
필요할 때 다른 사람의 도움을 구하는 것은
약함이 아닌 강함의 표시라는 사실이다.
도움을 구하는 것은 유익하다.
자신이 남에게 무엇인가를 받을 만한
가치가 있는 사람이라고 믿는다는 뜻이기 때문이다.
뿐만 아니라 그것은 사랑의 행위이기도 하다.
인생에서 최선의 선택을 내리기 위해
다른 사람의 도움을 구하는 것은
사랑에서 우러나오는 행동이다.

_〈지금은 내게 귀 기울일 때〉

행복이
오도록 하라

성실하게 꾸준히 일에 몰두하는 사람만이
행복과 휴식이 무엇인지를 안다.
일하지도 않고 쉬는 자는
휴식이 주는 진정한 행복을 모른다.
그것은 식욕이 없을 때 하는 식사와 마찬가지니까.
_카를 힐티. 〈행복론〉

◆

휴식이 필요해지도록 하라.
식사가 맛있어지도록 하라.
행복이 오도록 하라.

행복이

무거운 짐을 진 소가
깊은 발자국을 남긴다

'온실 속에서는 큰 나무가 자랄 수 없고
무거운 짐을 진 소가 깊은 발자국을 남긴다.'

◆

내 것을 찾아 내 것을 목표로 살고 지켜내야 한다.
목적에 '끌려 다니는 삶' 이 아니라
목적을 '이끌어가는 삶' 을 살다보면
마치 빨갛게 변한 잎이 나무에서 떨어지듯
나에게 필요한 것은 가까이 다가오고
나에게 필요 없는 것들은 자연스레 멀어진다.
시간의 흐름과 함께 몸은 관성의 법칙으로,
일은 습관의 채찍으로 움직인다던
미래는 희망적이지 않다.
무엇을 하든 역동적으로 능동적으로 움직여야 에너지가 넘친다.
미래와 과거에 집착하지 말고 현재에 충실하라.
삶이 고달프고 힘든 이유는
남이 만들어놓은 기준에 끼워 맞춰 살기 때문이다.
A급 인생은 A급 인생의 기준에 맞춰 사는 거고
B급 인생은 B급 수준에 맞춰 살면 편안하다.

지금부터
시작하라

어느 누구도 과거로 돌아가서
새롭게 시작할 수는 없지만,
지금부터 시작해서
새로운 결말을 맺을 수는 있다.

_카를 바르트

◆

운명이란 외부에서 오는 것 같지만,
알고 보면 자신 자신의 약한 마음,
게으른 마음, 성급한 버릇,
이런 것들이 결국 운명을 만든다.
어진 마음, 부지런한 습관,
남을 도와주는 마음,
이런 것들이야말로
좋은 운명을 여는 열쇠다.

_세네카

현명한 사람이
되려면

인간은 세 종류가 있는데
첫째가
남의 잘못에서도 아무것도 배우지 못하는 우둔한 사람,
둘째가 남의 잘못에서 배우는 현명한 사람,
셋째가 실수 없이 자기 길을 찾는 천자이다.

_탈무드

◆

행위에 의해서 이 세상은 존재하며.
행위에 의해서 인간이 존재하는 것이다.
그리고 살아있는 모든 존재는
또 이 행위에 의해 구속받고 있는 것이다.
현명한 사람은 인과의 법칙으로 그 결과를 알고 있다.

_불교경전 〈숫타니파타〉

누구나
이 길을 지나갔다

종은 종이 아니다.
당신이 그것을 울릴 때까지는,
노래는 노래가 아니다.
당신이 그것을 노래할 때까지는,
사랑은 사랑이 아니다.
당신이 그것을 사람들에게 주기 전까지는,

_해머스타인 2세

◆

누구나 이 길을 지나갔다.
아무리 어둡고 험난한 길이라도
나 이전에 누군가는
이 길을 지나갔을 것이고,
아무리 가파른 고갯길이라도
나 이전에 누군가는
이 길을 통과했을 것이다.

기도

큰일을 이루기 위해 힘을 주십시오, 라고 기도했더니
겸손함을 배우라고 연약함을 주셨다.
많을 일을 해낼 수 있는 건강을 구했더니
보다 가치 있는 일을 하라고 병을 주셨다.
행복해지고 싶어 부유함을 구했는데
지혜로워지라고 가난함을 주셨다.
서상 사람들의 칭찬을 받고자 성공을 구했더니
뽐내지 말라고 실패를 주셨다.
삶을 누릴 수 있게 모든 걸 갖게 해달라고 기도했더니
모든 걸 누릴 수 있는 삶, 그 자체를 선물로 주셨다.
구한 건 하나도 주시지 않았지만
내 소원을 모두 들어주셨다.
하느님의 뜻을 따르지 못하는 삶이었지만
내 마음속 진작 표현 못한 기도는 모두 들어주셨다.
나는 가장 축복받은 사람이다.

_프란체스코

고맙습니다 참 고맙습니다(조정민), 신과 나눈 이야기(닐 도날드 월시), 기차는 7시에 떠나네(신경숙), 상실수업(엘리자베스 퀴블러 로스), 오늘 내가 살아갈 이유(위지안), 어린왕자(생텍쥐페리), 인생은, 단 한 번의 여행이다(엘사 푼셋), 나는 이렇게 될 것이다(구본형), 마지막 수업(구본형), 어떻게 원하는 것을 얻는가(스튜어트 다이어몬드), 마법의 순간(파울로 코엘류), 톰아저씨의 오두막(해리엇 비처 스토), 명상의 길(오쇼 라즈니쉬), 하워드의 선물(에릭 시노웨이, 메릴 미도우), 빨강머리앤(루시 M. 몽고메리), 단 한 번의 사랑(최갑수), 릴케의 편지(릴케), 한용운 시전집(한용운), 놓치고 싶지 않은 나의 꿈 나의 인생(나폴레온 힐), 행동의 힘(수이루), 두 번은 없다(비스와바 쉼보르스카), 내일을 바꾸는 3분 습관(모치즈키 도시타카), 파우스트(괴테), 백석전집(백석), 세계 명언집(달라이라마), 키다리아저씨(진 웹스터), 시골의사 박경철(박경철), 미생(윤태호), 시의 숲을 거닐다(천양희), 섹스와 사랑(틱낫한), 생각의 속도(빌게이츠), 놓치고 싶지 않은 나의 꿈 나의 인생(나폴레온 힐), 아크라 문서(파울로 코엘료), 사랑하라, 한 번도 상처받지 않은 것처럼(알프레드 D. 수자), 백만장자 시크릿(하브 에커), 갈매기의 꿈(리처드 바크), 스티브 잡스의 명언 50(스티브 잡스), 마음 가는 대로 해라(앤드류 매튜스), 흐르는 강물처럼(파울로 코엘료), 티베트의 즐거운 지혜(욘게이 밍규르 린포체), 하워드의 선물(에릭 시노웨이, 메릴 미도우), 사랑의 기술(에리히 프롬), 젊은 베르테르의 슬픔(괴테), 항상 나를 가로막는 나에게(아플레드아들러), 스무 편의 사랑의 시와 한 편의 절망의 노래(네루다), 무소유(법정스님), 탈무드(유대인경전), 팡세(파스칼), 나를 있게 한 모든 것들, 행복론(힐티) 인생수업(엘리자베스 퀴블러 로스.데이비드 케슬러), 내가 사랑하는 사람(정호승), 나와 마주서는 용기(로버트 스티븐 캐플런), 이 모든 걸 처음부터 알았더라면(칼 필레머), 인생을 바르게 보는 법(쑤수), 샘에게 보내는 편지(대니얼 고틀립), 한 달 후, 일 년 후(프랑수아즈 사강), 인생치유(댄 베이커 캐머런 스타우스), 사랑한다는 것은(아지즈 네신), PING(스튜어트 에이버리 골드), 팡세(파스칼), 에밀(루소), 냉정과 열정사이(에쿠니 가오리), 깊은슬픔(신경숙), **고마워요 내사랑**(김정한), 셰익스피어(셰익스피어전집), **니체의 말**(니체), 명심보감, 인생 고전에 길을 묻다(시라토리 하루히코), **지금은 내게 귀 기울일 때**(페트리샤 스페다로), 알리바바 마윈의 12가지 인생강의(장옌), **딸아, 너는 인생을 이렇게 살아라**(펄벅)

내일은 내일의 해가 뜬다

: 오늘 내가 힘차게 일어설 수 있는 이유

1판 1쇄 발행 2017년 1월 10일

지은이 김정한 **펴낸곳** 북씽크 **펴낸이** 강나루

주 소 서울시 성동구 행당동 192-29 성동사르망 1019호 **전 화** 070-7808-5465

등록번호 제206-86-53244

ISBN 978-89-97827-71-8 **이메일** bookthink2@naver.com

Copyright ⓒ 2017 김정한